海外国宝

美国馆藏中国画

[瑞典] 喜龙仁
Osvald Sirén 著
尹腾巍　包丽萍　译

寻找遗失在海外的中国国宝

中央编译出版社
Central Compilation & Translation Press

图书在版编目（CIP）数据

美国馆藏中国画 /（瑞典）喜龙仁著；尹腾巍，包丽萍译. -- 北京：中央编译出版社，2025. 1. -- ISBN 978-7-5117-4593-4

Ⅰ. G262.1

中国国家版本馆 CIP 数据核字第 20242HD512 号

美国馆藏中国画

选题策划	张远航
责任编辑	哈　曼
责任印制	李　颖
出版发行	中央编译出版社
网　　址	www.cctpcm.com
地　　址	北京市海淀区北四环西路 69 号（100080）
电　　话	（010）55627391（总编室）　（010）55627116（编辑室）
	（010）55627320（发行部）　（010）55627377（新技术部）
经　　销	全国新华书店
印　　刷	廊坊昌能印刷有限公司
开　　本	887 毫米 × 1092 毫米　1/16
字　　数	249 千字
印　　张	15.75
版　　次	2025 年 1 月第 1 版
印　　次	2025 年 1 月第 1 次印刷
定　　价	108.00 元

新浪微博：@中央编译出版社　　微　信：中央编译出版社（ID：cctphome）
淘宝店铺：中央编译出版社直销店（http://shop108367160.taobao.com）（010）55627331

本社常年法律顾问：北京市吴栾赵阎律师事务所律师　闫军　梁勤
凡有印装质量问题，本社负责调换，电话：（010）55627320

目录
CONTENTS

引言   001

画作注解   015

引言

一般而言，美国的东方艺术藏品相较于欧洲更为丰富，地位也更为重要。美国博物馆收藏了大量中国古代绘画作品，以及来自日本的艺术作品。欧洲任何博物馆都无法与之媲美。然而，迄今为止，公众对于这些藏品的形成知之甚少。欧洲人普遍认为，美国的东方艺术收藏相对较新，尤其是其精美的东方艺术部门在过去一二十年才逐步建立。然而，这种看法完全不符合事实：实际上，美国拥有的中国艺术藏品远胜于欧洲博物馆的收藏。在这里，我们要详细介绍波士顿美术博物馆和华盛顿弗利尔美术馆的起源和发展，本书也从这两个美国最著名的收藏机构中汲取了大部分素材内容。

在西方的博物馆中，波士顿美术博物馆的中国和日本艺术馆独具特色。该馆的成立主要归功于波士顿的三位收藏家：威廉·斯特吉斯·毕格罗（William Sturgis Bigelow）博士、查尔斯·韦尔德（Charles Weld）博士和爱德华·西尔维斯特·莫尔斯（Edward S. Morse）教授。大约在1878年至1885年，他们三人都曾长期生活在亚洲，并且进行收藏活动。1878年至1880年，莫尔斯曾任东京帝国大学的动物学教授；在随后的几年里，毕格罗和韦尔德长时间旅居日本，并与欧内斯特·弗朗西斯科·费诺罗萨（Ernest Francisco Fenollosa）交往密切。毕格罗和韦尔德既不乏财富，又充满对艺术的热情，他们很快就收藏了大量藏品。他们将所有藏品都送往波士顿美术博物馆，但当时的博物馆太小，无法容纳这么多的藏品。因此，这些藏品又由他们保存了很久。直到1890年，博物馆在旧建筑的基础上增建了一座翼楼，莫尔斯、毕格罗和韦尔德的收藏品才得以完整展出，博物馆委员会也正式接受了这些藏品。两年后，博物馆购买了莫尔斯收藏的陶瓷；最后在1911年，毕格罗和韦尔德分别通过捐赠和遗赠的方式，将他们的藏品赠予了博物馆。

由于篇幅有限，我们不能详细描述这些收藏的内容和重要性，只能对其进行简要回顾。毕格罗博士的捐赠包括不少于26000件代表中国和日本艺术各个领域的作品；在3500幅绘画中，有许多都被认为是波士顿美术博物馆最珍贵的作品。韦尔德收藏大约有1000幅绘画，1911年8月波士顿美术博物馆的公告明确写到其确切数量为836件。"这些作品不到我们展品的五分之一，然而它们的价值却无与伦比，更无法估量"。

这篇文章还写道："几年前，费诺罗萨先生在日本定居时买下了这些作品。那时，由于政府停止资助佛教寺庙，神道教在全国范围内复兴，艺术品拍卖盛极一时。这些作品都是经过精心挑选，并且根据日本最有学问的艺术评论家的建议选择的。最后，多亏了费诺罗萨先生的卓越的洞察力和鉴赏力，我们才得以收集如此丰富的作品，使我们的收藏凝精聚华。"由此可见，这个既以其所有者又以其创建者命名的"韦尔德—费诺罗萨收藏"名副其实。

波士顿美术博物馆的中国和日本艺术馆还有第三位捐赠者，那就是丹曼·罗斯（Denman Ross）博士。他在三十年间为这个部门提供了莫大的帮助。虽然他捐赠给博物馆的作品可能在数量上不及毕格罗和韦尔德的"大规模"捐赠，但其艺术水平无疑更高，也更具品位和学问。可以说，罗斯先生捐赠的中国和日本绘画作品都属于一流，几乎每一件都有引人入胜的独特之处。此外，他非常慷慨地与博物馆一同购买了中国的雕塑和绘画作品，并对东方艺术馆的发展产生了深远影响。尽管丹曼·罗斯博士从未担任过馆长，但他非常慷慨且明智地支持了费诺罗萨和冈仓天心（Okakura）以及他们的团队。如果没有罗斯先生的存在，那博物馆的最大贡献者非此二人莫属。

尽管此篇关于美国对东方艺术收藏的论述可能有所疏漏，但不得不提费诺罗萨和冈仓天心这两位人物：他们不仅担任过波士顿美术博物馆的馆长，还举办过许多场讲座，发表过相关文章。正因如此，他们成了东方艺术的权威解释者。尽管他们的性格截然不同，甚至在最终走向对立；但是二人都怀着最崇高的虔诚之心对待古代中国和日本的艺术，并成功将这种热情传递给了他们的同仁。

欧内斯特·费诺罗萨较为年长。他早年生活在塞勒姆，并于1870年至1878年在哈佛大学和波士顿博物馆艺术学校（L'école d'art du musée de Boston）完成了学业。玛丽·费诺罗萨（Mary Fenollosa）曾为欧内斯特·费诺罗萨的传记《中国与日本艺术的纪元》（Epochs of Chinese and Japanese Art）撰写前言，其中详细记载了他的这段经历。根据东京帝国大学的动物学教授爱德华·莫尔斯的提议，费诺罗萨在 1878 年被任命为该大学的经济学和哲学教授，负责教授逻辑、美学和哲学等课程。除了短暂的间歇，他的工作持续了十二年之久。与此同时，费诺罗萨积极参与了日本艺术珍宝的保护工作，还协助创建了新的美术学院。这些经历为他亲身了解日本古代艺术提供了极佳的机会，他甚至得以了解日本收藏的中国古代艺术品。

1890 年，费诺罗萨认为自己在日本的工作并非必要，于是接受了波士顿美术博物馆的邀请，成为该馆刚刚成立的中国和日本部的馆长。担任此职后，他开辟了新的活动领域。费诺罗萨并不满足于按传统方式对博物馆的藏品进行整理和编目，此外，他还进而组织了借展。费诺罗萨还在波士顿和其他地方举办了讲座，探讨中国和日本的历史、文学和艺术，积极参与关于"美国艺术教育"的讨论，并逐渐成为波士顿艺术界的领军人物。在那个古老的东方艺术史时代，他比任何人都更加了解，而且也有能力激发身边人对东方理念的热情。费诺罗萨在波士顿美术博物馆工作的那几年，所有认识他的人都被他过人的辩论能力所折服。

1896 年，由于外部原因，他仓促离开了波士顿，提前结束了专家和馆长的工作。在波士顿的五年时间里，他是第一位孜孜不倦向美国公众诠释东方艺术和哲学的人，也是一位行业的先驱。在他之后，这个领域将得到更系统的发展。他在其伟大的遗作《中国与日本艺术的纪元》中也写道：尽管书中对中国艺术和日本艺术贡献的评价失之偏颇，也不乏许多武断的理论，却为我们了解东方的思想和艺术创作提供了崭新的视角。

费诺罗萨在博物馆的工作和他对美国收藏家的个人影响，某种程度上可以看作是前期准备工作：冈仓天心的到来才标志着波士顿美术博物馆最辉煌的时代。正是冈仓天心将该馆中国和日本的藏品带到了现在独一无二的地位，也正是他引入了批判性的分类方法。冈仓天心出身于亚洲，接受的也是亚洲教育；但与费诺罗萨相比，他是一位更"现代"的博物馆合作者。虽然他的知名度不高，但接触过他的人都能感受到这个东方人非凡的个人魅力。

作为博物馆的馆长，冈仓天心最重要的工作就是为博物馆购买艺术品。他曾在中国和日本旅行过两三次，并在此期间购买了主要藏品。其中既有雕塑，又有绘画。与之前提到的捐赠者相比，他购买的绘画作品数量要少得多，但质量却完全超越了之前的任何藏品。这些绘画使波士顿美术博物馆的中国画收藏成为西方之最。他对亚洲艺术的渊博知识和丰富经验，使他比当时的任何人都更有能力为博物馆购买藏品，而博物馆现在只需要几件"精选作品"，就能在其展厅中展示中国画的整个发展历程。关于这点，我们可以回顾一下冈仓天心发表在《博物馆公报》（1912年12月）上的一篇文章，其中讨论了收购中国古代绘画的可能性及其分类。

在讨论了波士顿美术博物馆的中日藏品情况后，冈仓天心还提到了日本所收藏的中国艺术品的重要性，这一点也多次得到证实。

"从足利时代（约14至16世纪）开始，日本的艺术爱好者就对中国的北宗派别表现出了强烈的偏好，他们的狂热程度并不亚于中国的艺术家对南宗派别的喜爱。因此，想要知道这种偏好存在的原因，我们就必须在中国本土继续研究中国画。毫无疑问，中国仍然保存着不少唐宋绘画大师的杰作，但鉴赏家有时会怀疑有些作品是否真的存在。近年来，一幅佳作出现了许多仿品，这些仿品画工精美，说明中国还有大量的摹本和赝品。这些仿品激发了我们对未来的美好想象。我们非常希望能够与中国收藏家一起合作，让世界再次欣赏到中国古代绘画的辉煌。一幅古代绘画如果具有艺术品的内在价值，再加上悠久的历史，就会一直受到欢迎。以此为基础，我们就能建立起今后对中国画的评价标准，但这套标准至今未能建立。所以在找出有力的否定证据之前，出于谨慎起见，哪怕是最严厉的中国批评家的意见，我们都应该暂时接受。目前博物馆展出的大多数作品都带有著名收藏家的印章，我们呼吁所有中国绘画爱好者关注它们。"

"在我们的新藏品中，有一本非常著名的古代大师画册，是满族贵族完颜景贤（Tsing Hien）先生的藏品，他的父亲是一位有名的大臣，曾多次担任总督。这本画册曾属于袁渊（Yuan Yuan）（18世纪的书法家和画家），画册上面还有他的题词；因此，此画册也意义非凡。画册中的主要作品按时间顺序排列，主要有：胡瓌的《蒙古骑士》、周文矩的《狸奴婴戏图》、顾德谦的《文姬归汉图》等,这些作品出自宋代之前的五代时期。还有宋初范宽的《雪景寒林图》、王振鹏的《龙舟图卷》,以及宋元时期的其他作品。这些作品作者不详,但十分精美。该画册还收录了一幅宋代的刺绣、两位宋朝皇帝和一位元朝文人的真迹以及一些唐纸样本等做工精湛的作品。虽然我们不能盲目地认定这些都是作者的真迹,但几百年以来,尽管饱受质疑,作者的真实性却从未被推翻过。因此,我们应当葆有尊重。早期的大师们作画并不会全部署名,只有通过延续千百年的传统划分方法,才能让我们确定他们的身份。"(冈仓天心提到的这些绘画作品都可以在本书中找到。)

"完颜景贤先生的藏品中还有一件重要作品,即署名为董源的山水画卷(见画作18)。董源生活在10世纪末,是宋代山水画著名画家:这种山水画风格源于人物画的背景。只有在他的那个时代,我们才能看到这种风格作为独立的绘画分支蓬勃发展。早期的山水画的风格或多或少受到佛教画派的影响,更注重轮廓和色彩,而轻明暗变化和氛围意境。董源出生于中国南方地区,是首位以长江流域实景入画,再现当地云气氤氲、朦胧缥缈特色的画家。这幅画开创了树木山石的新画法,为后世山水画的发展奠定了基础。此后山水画逐渐分为北派和南派两种不同的风格。将董源的这幅画卷与几十年前李成(Li T'sing)所作的《雪景图》进行对比,我们就能看出画法的变化。这两幅作品的概念和美感完全不同。在李成的画作中,我们仍然感受到唐代的传统风格。他的作品让我们想起了某些古老的佛教绘画,在这类绘画中,背景往往也是同一种风格。这幅画上还盖着一位宋代皇帝的收藏印章。"

"李玮的《竹林幽居图》也是完颜景贤先生的藏品,应被归入同一类别。宋朝皇帝宋徽宗的名录中还曾提及这幅画作。画家实际上还是宋仁宗(1010—1063年)的驸马。这幅水墨画感情十分细腻。"

"《捣练图》是一幅杰出的作品,出自宋徽宗之手。宋徽宗是公元12世纪初在位的皇帝,也是一位杰出的画家,但不幸在宋朝衰落时登上皇位,被女真人所俘,最后流亡国外而死。可以说,这幅长卷(画作4)让我们能够非常直观地了解这位天才画家。这幅作品上有一位金国皇帝(金朝)的印章,作品保存完好,色彩鲜艳。画面描绘了仕女们用杵捣碎和熨烫丝绸的场景。据说这幅作品是临摹唐朝某位大师而作,这一点可以从人物的服饰中得以验证。画中布料逼真的绘制与日本药师寺(Yakushi-ji)的著名作品《吉祥天画像》(*Kichijoten*)以及日本保存的其他唐代风格作品不无相似之处；但其创作和手法充满了宋人的情怀，因此这更像是徽宗皇帝改编过的作品，而非简单的复制。无论是哪种情况，都不得不承认它是一幅一流的作品。"

"我们现在还保存着一套原属于皇室收藏的三幅大型画作，分别表现了道教万神殿中的天官、地官、水官三位尊神。最初，我们认为它们是著名唐代大师吴道子所作，但现在我们可以将创作年代确定为宋朝末年。这些画作笔法颇为苍劲有力。"

"在元代的绘画中，有一幅王振鹏绘的佛画，画的是摩诃波阇波提抱着初生的佛陀，是'白描'的一个极佳范例。'白描'是指一种以淡墨勾勒的画法。王振鹏生活在14世纪初，在白描这一特殊技法上，享有与李龙眠齐名的声誉。这幅精美的作品同样出自完颜景贤先生的藏品，其中的线条勾勒令人赞叹。"

"我们收藏的完颜景贤先生的藏画，还有明代画家仇英的《抚琴图》。这幅作品淋漓尽致地展现了艺术家细腻的笔触，令人称道。我们对这位艺术大师的印象可能来源于无数冒充他署名的赝品，而这幅真迹将会改变我们对这位大师的一般印象。"

以上是迄今为止对波士顿藏品中最著名的中国画作发表的最佳评述。

在波士顿美术博物馆中，丰富的中国和日本艺术藏品是通过好几位收藏家的努力逐渐积累起来的。而华盛顿弗利尔艺术馆的藏品则是一位收藏家不懈努力的成果。弗利尔艺术馆里所有东方艺术品以及美国绘画作品都是由底特律的查尔斯·朗·弗利尔（Charles Lang Freer）捐赠的。毫无疑问，中国和日本艺术品的收藏是该馆最大的亮点所在。在这一领域，该馆绝对是独一无二的。如果不了解其创办人的个性和职业生涯，我们就无法理解它是如何建立起来的。但由于迄今为止没有任何关于这位收藏家的研究发表，因此他的生平很难为我们所知。如果我们试图勾画出他的形象，就只能从个人记忆着手，从熟悉他的人那里收集到的一些信息。

查尔斯·朗·弗利尔在底特律钢铁汽车制造公司（Steel Car Construction Company）发家，并于19世纪80年代开始艺术品收藏，但主要收集美国当代绘画。他没有任何科学或美学背景，所以无法从事艺术品收藏这项非常精细的工作。和其他许多著名收藏家一样，他最初购买的画后来都遗失了。他的艺术品收藏更多地基于感性而非理性，因为他有底气坚持自己的审美品位。弗利尔与费诺罗萨交往甚密，并从中受益匪浅。费诺罗萨在波士顿的时候，甚至在之后的很多年里，他们一直保持着朋友关系。而此时冈仓天心那种更加强硬的批评家的性格并未吸引到弗利尔。我不清楚弗利尔确切开始购买中国和日本绘画的时间，但应该是在1890年到1895年之间，并且受到过费诺罗萨或多或少的指导。

我听说过费诺罗萨曾鼓励弗利尔访问日本，但没有提到中国；如果当真如此，那也完全符合费诺罗萨作为亚洲艺术专家的普遍倾向。无论如何，弗利尔后来多次前往中国和日本，并与两国的专家和商人建立了联系。在他旅行时，他不仅仅是一名游客还是富有的美国收藏家，他也在寻求学习。有一次，他远赴云冈石窟和龙门石窟，并在那里拍摄了照片。

经常有传闻说，弗利尔出手阔绰，如果中国或日本商人极力说服他买下一些艺术品，他还会使用谋略，人们对此一直津津乐道。至于我们确定这些轶事的真实性，这些故事弗利尔自己也经常提及。

兰登·华尔纳也曾说过，弗利尔十分喜爱中国的这些"永世珍宝"。华尔纳曾讲述过弗利尔在列奥里庄（Lieou Li tchang）等古董商店的外出经历："肥楠（Nan）（弗利尔的助手）坐在双座人力车的后面，人力车从公使馆区飞速驶向古董商店，准备去扫荡一番。每次，他都相信自己总能碰碰运气，见到珍品。然而，每次都是在某个小巷尽头，或是在一家商店的柜台前，楠会尽己所能找到所有的古董商。商家会把画作一件件拿给弗利尔，他一看就是几个小时；最后，商家不得不承认，弗利尔的眼里已经再也容不下平庸的物件了。商家叹了口气，小心翼翼地收拾好他的卷轴，然后叫人去拿来茶和糕点。一个小时过去了，弗利尔正一口一口地喝着茶，一个信使气喘吁吁地赶来，紧紧抱着一个包裹。这次应该能够满足这位大师的要求了，因为这是中国所有画作中罕见的明珠！收藏这幅画的人是个可怜的寡妇，为了养活自己的孩子，她不得不将其变卖。这幅画是一位皇帝赐给她亡夫先祖的物件。茶已上桌，随着珍贵的画卷在桌上缓缓展开，双方讨论起了价格。商家抗议说，今天下午副总督的叔叔会出更高的价钱。但最终，交易达成，这位瘦弱的美国佬和他的中国助手坐上了人力车，穿过北京的喧嚣和尘土。"

弗利尔在中国的多次旅行无疑对他大有裨益，这让他进一步成了鉴赏家和收藏家。

在中国的氛围中，他的热情并非源自对绘画的追求，更来源于艺术本身。然而，总体来说，他在这些旅行中购买的艺术品不如他后来在纽约的商人那里购买的那么出色。那是他生命的最后几年，当他无法再远行时，却收集到了一生中最好的藏品。他以自己多年积累的经验为指导，并明确自己的目标，坚信自己的任务是有用的。

不过，当他成为著名的中国画爱好者时，确实有人来特意吸引他的注意，介绍了一些重要的作品。比如，就有一个很典型的例子：上海的"来缘公司"（Lai Yuan Company）收集了一批藏品，并印制了精美的图录，上面写着如下献词（经由弗利尔先生同意，转载如下[1]）：

"我谨代表我本人和其他收藏家，公开感谢查尔斯·弗利尔先生为复兴中国艺术所做的一切，还要感谢他为帮助其他爱好者更好地理解古代艺术以及更加精致的艺术所做出的贡献。对于很多中国乃至西方世界的绘画爱好者而言，弗利尔卓越的鉴赏力一直是他们灵感的源泉。作为最早重视古代艺术杰作的人之一，他对所有收藏家和艺术史学家产生了普遍的影响。"

---

[1] 原文为英语，在此无法完全再现其韵味。（译者注）

"以下所列的绘画作品是特意精心挑选出来的，以寄送给查尔斯·弗利尔先生和他的美国收藏家朋友们，希望它们能够得到青睐和认可"——中国画专家关富初。

除了这篇献辞或《鉴赏》（我们刚才引述的那篇文章的标题）之外，作者在卷末还写有一篇《序言》，序言中描述了弗利尔先生在收藏家和鉴赏家中为自己确立的地位：

"几年前，我访问了纽约，向弗利尔先生展示了此书收录的部分画作，我认识他已经有十年了。我和他讨论了我们非常感兴趣的问题，肯定了有说服力的论点，也批评了可疑之处。这样，我们彼此都在对方面前展示了自己的知识。弗利尔先生也曾访问过中国，他对夏、商、周，以及秦、汉两朝的石质或金属古物情有独钟；此外，他对古代中国绘画也赞叹不已。他向美国同胞展现了他渊博的知识，因此，他在美国已经成了中国艺术的先驱，并极大地促进了对优秀绘画的整体研究。这种对艺术的热情和高度的艺术品位是很少见的。在美国的官员中，也有许多人对绘画艺术情有独钟，他们都听说过弗利尔先生；无论他们是否认识他本人，他们都钦佩弗利尔先生渊博的知识，以及对东方艺术产生如此重大的影响。我的知识有限，因此对弗利尔先生的赞美并不会给他带来任何帮助。但对于绘画的原理，我还是有一些经验的。因此，我选择了六十幅中国绘画艺术的真迹样本，这些真迹都是我从众多古代绘画收藏家那里得来的，我还请周立堂（Tchou Li-t'ang）先生编纂了图录……今天，我将这本图录交给美国，目的就是让人们对中国从唐宋至今的绘画艺术有一定的了解，并帮助美国感受中国古代艺术的追求。为此，我有幸向弗利尔先生提交我在数年艰苦研究中收集的画作，希望这些画作能得到他的充分肯定。"

似乎可以肯定的是，这些收藏品中确实有几幅非常精美的画作获得了弗利尔先生的认可。而且 F. S. Kwen 先生的文章里称赞他是中国艺术大师，他也非常愿意接受这一身份，确信自己理所应当可以担任这个角色，因此，对于作品的归属或是估价方面有任何异议，他都无法容忍。他作出了自己的估价，并开出了自己的价格：但来缘公司的代表无法接受。弗利尔先生终止了谈判，最后一幅画也没买。这些画作后来被卖给了美国的其他收藏家，其中最好的一幅现在归纽约的约翰·邦德·特雷弗（John B. Trevor）先生所有。

弗利尔先生作为收藏家，最大的优势就在于他的说服力，与其说他是一位评论家，不如说他是一位狂热者，他将热情转化为行动的能量，没有这种能量，他就不可能收藏如此众多的作品，也不可能对同时代的人产生如此惊人的影响。在他职业生涯的最后阶段，可以说他成了美国收藏家中的头号人物，他对中国艺术的一言一行都被一群崇拜者视为神谕。这并不奇怪：他的知识比大多数人都渊博，花费也比任何人都多，只凭自己的认知行事，从来没有接受过任何指导。因此，当弗利尔进行收藏时，他不仅仅是汇集了一些中国绘画、雕塑和青铜器，还激起了新的浪潮：引导人们积极关注古代艺术这个遥远的领域。他在整个时代留下了自己的印记，而这个时代恰恰随着他的去世而终结。

在他的内心深处，可以说这项活动渐渐开始变得像是一项文明使命。他作为收藏家的意愿和气质似乎与他的工作同步增长。他认为，他的收藏一定会对美国人的艺术教育做出巨大的贡献，这种观念在他心中逐渐有了很重的分量。弗利尔在 1904 年 12 月 27 日寄给史密森尼学会（Smithsonian Institute）的一封信中，首次正式表达了他在这方面的想法，他表示在一定的条件下，愿意将他的全部艺术藏品遗赠给学会或美国政府，并且还愿意在他去世后提供必要的资源，修建一座合适的建筑来展示这些藏品。他的条件就是美国政府必须负责或学会这些藏品的维护。信的开头有几句很有特色的话：

"……这里的各色收藏包含各个艺术时期不同的代表作，跨度从公元前涵盖到了当今时代。我从不收藏不感兴趣的作品，只收藏美国流派和亚洲流派的作品。我最大的愿望是将现代作品与一些高度文明时期的杰作汇集在一起，找寻无论是在精神方面还是在物质效果上都能达到和谐统一的作品，让它们具有扩展美学文化和提升人类精神的力量。"

"我希望在自己的有生之年保留这些藏品，以供艺术爱好者和朋友们欣赏，也供我自己欣赏。此外，我还计划不时地对其进行补充和完善。我坚信，只有卓越的作品才能用于美术教育，因此我希望继续去粗存精，借助最优秀的专家，去掉所有欠佳的作品。未来，我还会尽我所能再去寻找一些质量上乘、调性和谐的作品，添加到这些收藏当中。"

在 1905 年 12 月 15 日写给总统的一封信中，他几乎原封不动地重申了这一提议。1906 年 1 月 24 日史密森尼学会正式接受了这一提议。在接下来的十年中，弗利尔为自己的收藏增添了许多重要的藏品，并不时向史密森尼学会汇报。最终，在 1915 年 11 月，弗利尔决定立即着手修建能够存放这些收藏品的建筑，以便在他去世前将这些藏品安放好。为此，他投入了一百万美元的专款。建筑选址在华盛顿，位于史密森尼学会预留地的西面，几个月后就动工了。

那时，弗利尔的身体情况已经每况愈下。他精神极度紧张，尤其是还患有咽喉疾病，有时甚至会导致他失声。他时而住在纽约广场酒店（l'hôtel Plazza），时而在底特律的家中；他的房子可以说是一座巨大的中国和日本艺术品博物馆。在那里，他以最大的热情欢迎朋友和所有向他介绍的艺术爱好者。他非常乐于向任何愿意聆听和学习的人展示其收藏的画作，并作进一步的解答。但他没有时间和耐心接待那些可能对这些作品提出质疑的人。总的来说，他的论点主要基于中国和日本古董商向他灌输的传统理念，而他的历史知识主要来自翟理斯（Giles）的《中国绘画史导论》（*Introduction*）。此外，他对自己的感觉和个人的审美极为自信。如果他"感觉"某幅画是唐朝的，他就不会有丝毫怀疑；同样，他也能"感觉"到另一幅画是出自宋朝的，因为正如他所说，这幅画有宋朝的柔美。他深信自己买到的是中国最优秀的作品；既然如此，那它为什么不能像专家所说的那样，就是古代大师的真迹呢？弗利尔晚年在秘书的帮助下疏理了收藏品目录，其中有很多是宋代、唐代，甚至是更早时期大师的作品。以下是一些例子，统计如下：

2 幅 顾恺之（Kou K'ai-tche）画作

8 幅 周昉（Tcheou Fang）画作

5 幅 韩干（Han Kan）画作

10 幅 范宽（Fan K'ouan）画作

11 幅 吴道子（Wou Tao-tseu）画作

20 幅 钱选（K'ien Siuan）画作

5 幅 王维（Wang Wei）画作

100 幅 李龙眠（Li Long-mien）画作

3 幅 李思训（Li Sseu-hiun）画作

17 幅 李唐（Li T'ang）画作

15 幅 赵伯驹（Tchao Po-kiu）画作

19 幅 夏圭（Hia Kouei）画作

10 幅 米芾（Mi Fei）画作

16 幅 郭熙（Kouo Hi）画作

20 幅 马远（Ma Yuan）画作

17 幅 赵孟頫（Tchao Mong-fou）画作

这份清单名录还有很长……在这份目录中，名家的作品比比皆是；如今，除了极少数例外，这些作品都是宋、元或明代，甚至更晚时期的佚名作品；因此，我们不必深入讨论这些作品到底是谁而作的问题。然而，如果我们相信弗利尔的收藏都是真迹，那也就陷入了误区。但在二三十年前，名家名作对于弗利尔来说是不可或缺的；他需要大师的名气来激发自己以及朋友们的热情。首先，他有一个期望达成的目标；其次，这些作品有助于传播对中国艺术的兴趣。这是一个播种的时代：首先必须收集大量的材料，然后才能对其进行批判性研究。我怀疑，如果没有这些大名鼎鼎的人物，这批藏品是不会引起公众如此浓厚的兴趣的！

1917 年 11 月，弗利尔收藏的大量中国绘画作品在芝加哥艺术博物馆（The Art Institute of Chicago）首次公开展出，展览包含 75 幅绘画作品以及一些雕塑和玉器。这次展览非常成功，画作也得到了很好的展出，人们在离开展览时，留下的整体印象几乎是非常和谐的。借这次展览的机会，弗利尔先生也组织了一系列关于中国艺术的讲座。弗里德里希·威廉·古金（F. W. Gookin）先生根据弗利尔的注释和归属编写了一份描述性目录；毫无疑问，弗利尔先生在《序言》中充分肯定了这一点；他谈到"不同的收藏家珍藏了奇世珍宝，而我们发现了它们，这一发现无疑是崭新的收获"。他接着说：

"但是，直到现在，只有少数幸运的收藏家能够明白这些藏品的重要性。本次展览将使更多的公众能够想象古代中国艺术家所达到的高度，同时也能体会到美国人民，至少是部分人对弗利尔先生的认可。他不仅从一开始就对这些绘画作品的艺术价值有着敏锐的感知，其中许多作品都是在他的努力下被发现的；弗利尔先生还明白，清朝覆灭带来的动荡为他提供了一个独一无二的机会，使他能够获得这些作品的原主人通常绝不愿意放弃的作品，而他迅速地利用了这一机会。因此，我们非常感谢他为国家献上的这份真正的厚礼，同时也要感谢他的学识和慧眼，使他能够购得这些收藏的珍品。"

在弗利尔先生生前，我们对待他的收藏品的态度一般就是这样，很少有人提出质疑或存在争议，因为那些有可能质疑藏品归属年代的评论家们都非常钦佩这位收藏家的公德心，所以不会因为自己的疑虑而去烦扰他。因此，弗利尔先生将全部精力都放在了完善藏品和建造博物馆上。这座博物馆是由建筑师查尔斯—普拉特（Charles A. Platt）设计的。此外，弗利尔先生本人也参与了博物馆的总体布局设计，甚至为很多细节带来了灵感。弗利尔先生对博物馆的构想首先是为严肃的研究者提供一个平台，让他们能够有机会在良好的条件下参观中国的艺术珍品。而且他非常清楚，随着我们对中国艺术的认识不断深入，这些丰富藏品的归属与年代将不可避免地发生深刻变化。但这种想法并没有使他感到不安或气馁，他只是希望维护自己的权威不会受到任何质疑。

弗利尔未能亲眼见证他的博物馆竣工。在战争的最后一年，他的身体状况迅速恶化，最终于 1919 年 9 月去世。一年后，建筑基本完工；1920 年 11 月，底特律的所有艺术收藏品被运往华盛顿，但直到 1923 年 5 月，博物馆才最终向公众开放。

在此期间，临时馆长约翰·伊勒顿·罗吉（John E. Lodge）先生对所有中国以及日本的艺术藏品进行了严格的审查和分类。在此次修订后，传统划分的年代或作者归属就几乎没有保留多少。因此，吴道子、李思训、王维或是其他唐代大家的真迹便不复存在了；能肯定是宋代的作品也所剩无几。即便如此，仍有大量明代或更晚时期的优秀画作，能让我们一睹中国古代绘画的风采。这些藏品包括至少 1266 幅中国画，以及大量玉器、铜器、石器和陶器。考虑到这点，我们就能知道罗吉先生圆满完成的这项工作有多么重要。他对绘画的批判性审查为中国艺术爱好者提供了极大的帮助，我们因此能够在更坚实的基础上对中国艺术进行鉴赏。

在此书中，我们在弗利尔美术馆精选了70多幅中国绘画作品，每幅都附有文字说明。除了对归属进行批判性评估和评论外，我们还会分享个人对每幅作品的看法。尽管我们所选的画作非常有限，却恰恰代表了馆藏的精华。再做添加并无益处，因为我们关心的不是中国绘画的数量，而是它们在艺术和艺术史领域的重要性。

本书所选的画作主要来自波士顿博物馆（美术博物馆）和华盛顿博物馆（弗利尔美术馆）的馆藏，还有一些来自纽约大都会博物馆。这些作品主要代表了宋、元和明代的绘画艺术。同时，也会有两三幅更早时期风格的绘画和一些清朝的绘画作品。因此，总体上说，我们所选的这些作品代表了中国绘画鼎盛时期的成就；作品风格甚至作品本身都反映了一千多年的绘画历史。

为了更好地凸显风格的演变及其历史的接续，我们认为，有必要将这些作品汇编成一个系列，而不是仅仅将其孤立地展出。因此，我们分类的总体基础是按时间顺序，但由于一些众所周知的原因，我们并不总能严格地遵循这一顺序。我们所研究的作品，大部分本身就无法按时间顺序进行精确分类；此外，我们还必须避免在类型和主题上过于单一。

迄今为止，我们对中国绘画史的了解更多来源于书本知识，而非经验之谈；而且由于大多数历史上的绘画杰作已不复存在，我们无法确定能否在坚实的基础上建立起中国绘画的编年史。我们几乎完全没有基础，早期绘画很少有真迹题跋或其他可靠的文献依据。很多时候，我们只能通过类比、参照中国其他艺术领域或对风格的评判来得出结论。我们大致知道某些时期流行的风格类型，也了解一些著名大师的个人风格；但由于后来的画家一再模仿他们，所以这些知识显然不足以让我们构建一个完整的编年体系。

要确定一幅画的年代，还有其他一些标准。例如查看画作的材料，比如绢、纸、墨锭或颜料等。然而，这有时也可能会提供一些错误导向，因为画家有时会使用古代绢纸，中国一些想要模仿早期名画大师风格的人也会搜寻古代墨品作画。因此，在许多情况下，我们的分类只能根据一个标准：画家的手法、笔触及其个人风格。然而，没有什么比这更难以捉摸、更难以把握和界定的了。这需要对绘画作品本身进行长期而深入的研究，而且归根结底是一种个人观察的结果，不同鉴赏家的判断难免会大相径庭。

在此，我们将不再赘述某些画作的创作年代难以确定的问题，而是想指出，其他作品无疑是早期作品的摹本或仿制，它们在年代上的判定可能会有偏差，这取决于我们是看到了中国古代绘画复刻品相关的历史文献，还是找到了当时所在世纪特有的作品。总体而言，我们主要根据其创作时期而不是其主题或构图类型对绘画进行分类。我们还为每幅图画编写了相应注释，更强调绘画的艺术价值，相对弱化了其历史渊源和画面的来龙去脉。事实上，除了作品必要的细节外，注释还说明了：1. 每幅画的归属；2. 目前官方承认的归属；3. 博物馆官方编目时的评论；4. 注释的评论。除了我们的分类外，所有这些注释将有助于读者将这些绘画置于其历史背景中，更好地理解它们在中国艺术和世界艺术中的地位。

如果没有华盛顿弗利尔美术馆和波士顿美术博物馆中国和日本艺术部的主任约翰·伊勒顿·罗吉先生的官方支持，尤其是他个人的宝贵帮助，笔者是不可能成功出版这部作品的：他不仅非常热心地修改了这些藏品目录手稿中的引文，而且还以已故的弗利尔先生为榜样，为我们检查作品和拍摄照片尽最大可能提供了便利。笔者还非常感谢波士顿美术博物馆中国和日本艺术部副主任富田先生（M. Tomita）：当罗吉先生不在时，他负责该部门的工作。事实证明，他是一位忠实而友好的合作者。笔者还要感谢纽约大都会博物馆东方艺术馆长雷茨先生（M.Bosch-Reitz）以及华盛顿、波士顿和纽约博物馆的所有工作人员，多亏了他们，笔者才能在闲暇之余研究大量的中国绘画作品。最后，还要感谢纽约的私人收藏家们，他们慷慨地提供了私藏的中国绘画作品的照片。

喜龙仁

巴黎，1926 年 7 月

画作注解

画作 1,《洛神赋图》(华盛顿弗利尔美术馆收藏)

宋代,作者不详,旧传为顾恺之(345—409年)所作。

此图是根据诗人曹植所写《洛神赋》而创作的故事画。

这幅画采用浅褐色和青绿色的淡雅色调。绢本绘画,尺寸为 0.90 米 × 0.25 米。画作多处有磨损。右侧卷轴处有八方印章、一个标签和两方其他印章;左侧卷轴上有五处题字和八方印章。

这幅作品曾是端方的藏品。在《国华》杂志第 253 期(1911 年 6 月)中有翻版。在该翻版所附的文章中,泷先生指出这幅作品的构图与后汉时期武梁祠(Wou-leang-tseu)浮雕有一些共同之处。因此,这幅作品可能可以追溯到公元 4 世纪,但实际创作时间要晚得多。此外,绢布具有明显的宋代特征。他在文章末尾表达了以下观点:"我们得出的结论是,此幅作品很可能是另一幅早期名作的摹本,原作者很可能是画卷上标明名字的那位著名画家。"但毫无疑问,这幅摹本本身也是出自宋代画院一位才华横溢的画家之手。

罗吉:"这是一件意义非凡的作品,作品时间不会晚于元代,我觉得更可能是南宋晚期的作品。很可能是模仿了顾恺之的一幅作品。"

毫无疑问,这幅画是一幅摹本,画面使用了墨色轮廓和柔和色调。它的确是一幅好作品,但却没有生命,缺乏灵魂。这幅摹本创作年代显然相当久远,墨迹和色彩已经深深地渗入绢本当中。此外,这幅画还带有一些通常被认为是宋代作品的独特风格,而且似乎完全忠实于早期作品。这甚至也是它的吸引力所在:它精确复刻了早期很可能出自顾恺之的名作,并将其呈现给我们。

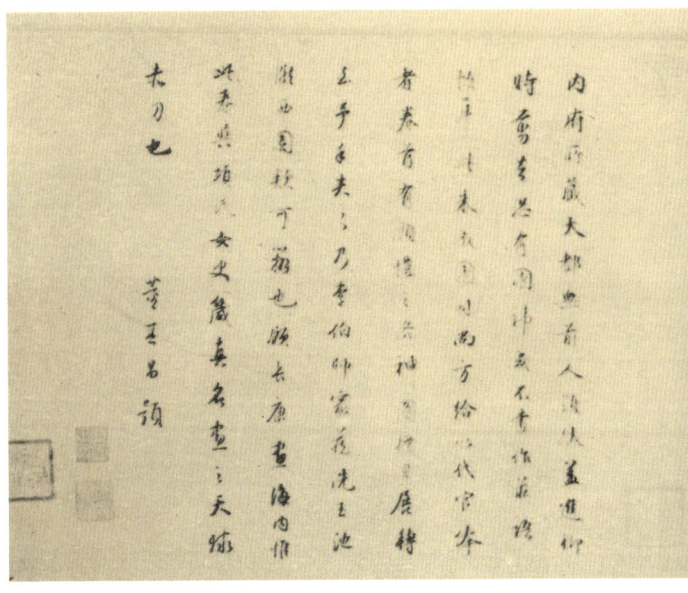

《洛神赋图》(局部)

画作注解　017

《洛神赋图》(局部)

画作 2，《胡人呈马图》（华盛顿弗利尔美术馆收藏）

唐代，作者不详，旧传为韩干（720—760 年）所作。《胡人呈马图》，依据 8 世纪韩干名作而画。

设色，描金。马匹一只为白色，其余为黑色。马鞍为黄、红两色，上面带有蓝色和白色的装饰；人物服饰富丽堂皇、颜色鲜艳，有红色、蓝色、绿色、褐色、白色和金色。

题词和印章。五个其他印章。在锦框上，有两则题词和印章；在锦框两侧各有一则题词。

绢本，卷轴。尺寸为 1.92 米 ×0.31 米。

罗吉："这是一幅古代早期的画作，质量非凡。我没有理由怀疑这是韩干的真迹，但这幅画的创作时间似乎应该更晚，而且更像是一份摹本，而远非原作。画作有些润色痕迹，但整体是很不错的。可能是宋代的作品，在明代又加以润色？"

这是一幅极具装饰性的绘画，人物组合完美，并且所有服饰和马具的装饰都非常丰富。这幅画的技法极为娴熟，独具匠心，但这并不能掩盖它是一幅摹本的事实。根据颜料、织物的成熟度等因素判断，这幅画作应该早于明代。将其与弗利尔美术馆收藏的另一幅同题材作品进行比较，可以进一步证实这一推断，后者的年代显然要早一些。

画作注解 021

《胡人呈马图》（局部）

画作 3,《法华曼荼罗》(波士顿美术博物馆收藏)

唐代,作者不详。

《法华曼荼罗》,描绘了释迦牟尼三位一体的形象,旁边是天神、菩萨和比丘,周围景物优美。

设色,绢本。尺寸:1.44 米 × 1.07 米。

这幅画曾严重受损,有大量修复痕迹,现已残缺不全。画作背面有古代题词,译文如下:

法华堂主曼荼罗。这个曼荼罗代表了神圣的山峰(秃鹫之巅),是一幅不折不扣的印度教作品。或许是由于自然退化,或许是因为朝圣者想带走遗物而导致了残缺。总

《法华曼荼罗》

之，释迦牟尼座下的一切都已被摧毁，这幅画已经以这种状态存续了无数个世纪。久安四年（1148年）三月，我们让这座寺庙的僧人钦开大和尚（Chinkai Ikô-Daihôshi）（法号）对此进行修复，因为他绘画技巧高超，并且世家皆为画师。我们把细节记录于此，以免后人产生误解。（签名）康信贝多弘武（Kanshin Bettô-Honmu）（寺庙事务主任）权大宗主（Gon-Dai Sôjô）（第二大主教），这位康信（1085—1153年）是奉系于法华堂所属东大寺的僧侣。

下面是冈仓天心在目录中的评论：

"这是一幅9世纪中叶的作品，十分罕见，地位也非常重要，因为它是我们所藏的最古老的唐代绘画之一。我们可以透过它看到在唐代时期印度对中国艺术的深刻影响。它与最近在敦煌发现的佛教绘画相似。同时，这也是一个非常罕见的样本，能够让我们窥见当时时代的风貌。题铭中提到的修复者钦开，是著名画家本光（Motomitsu）的儿子。他主要生活在醍醐寺（Daigo-ji），同时也在东大寺工作过。川崎千虎（Kawasaki Chitora）在新版《古画品录》（Kogabikd）中引用了这幅他在1886年看到过的画作。"

"题词本身就非常珍贵。这可能是8世纪的一件日本作品。"

如果不是一直以来都将这幅珍贵的作品归入中国画，我还以为它是一幅日本作品。在我看来，它更像是比如法隆寺壁画，而不是像我们所知的敦煌壁画或是雕塑这样的中国佛教艺术作品。冈仓天心的最后一句话似乎也表达了类似的看法。在日本对这件作品进行修复和修缮后，这个特性似乎并没有完全改变。主要人物的位置以及佛陀脚下左侧的小僧侣，都让我想起了天平时代的日本艺术。我们今天看到的几乎所有色彩、红色描边以及镀金都是修复师的杰作；但他似乎遵循了原作的图案和线条轮廓，使得原作的特色得以保留。

画作 4,《摹张萱捣练图卷》(波士顿美术博物馆收藏)

宋代,作者是宋徽宗(1082—1135 年),1101—1125 年宋朝的皇帝。

绢本,设色;尺寸:1.45 米 ×0.37 米。

画卷上的题词是由金章宗(1168—1208 年)亲笔题写的,根据他的题词,这应该是天水郡王(宋徽宗封号)的摹本作品,原为唐代张萱画作。画上有他收藏的七个印章。

明代文人张绅(Tchang Chen)曾题诗称赞这幅画作;清代著名学者高士奇(Kao Che-ki)在《捣练图》卷尾也有两段题跋,年代分别为 1697 年和 1699 年,他们认为这幅作品是宋徽宗临摹大师张萱的一幅佳作。另外,在 1989 年,罗文平写有其他赏析和批评研究。

冈仓天心:"只有金章宗的题词能够让

《摹张萱捣练图卷》

我们推定这幅画是宋徽宗的摹本。我们无法获得可以与之比较的同类作品。但这幅令人钦佩的作品无愧于这位画家皇帝的声誉。金章宗生活的年代只比宋徽宗晚半个世纪左右,据说还是宋徽宗的崇拜者。因此,对于金章宗的这一判断,我们应当给予尊重。严格来说,这幅画作是属于临摹作品,还是改编自唐代的作品?如果是摹本,那么它是临摹了生活在8世纪上半叶张萱的作品吗?对此,有很多不同的意见。"

"我们有必要从更广泛的意义上理解'摹本'一词。这个词既可以表示完全的复制、翻刻,也可以表示复仿、改编,例如后世许多艺术家仿照宋代大师的作品《春节》,创作了许多的所谓摹本。诚然,宋徽宗画的是唐人生活中的一个场景。但在我看来,这幅画的创作完全符合宋人的风格,而且似乎也显示出了对唐代绘画的改编。"

这幅画的构图和色彩都很精致，但缺乏自由和自发的特点。毫无疑问，这是一幅忠实地再现了唐代的作品，人物造型和衣着都代表了唐朝的风尚，画面中的妇女正在进行中国女性最平常也最富有生活情趣的活动，形态娇憨可爱，宋徽宗在临摹时也着重突出了这一点。

对这幅画进行批评，要么是指责它缺乏整体感，要么是说人物的体型不够完美，但这种评价可能并不公平。我们应该将它视为一幅精美的临摹作品，并像欣赏异国蝴蝶或绚丽花朵一样欣赏这些人物。

《摹张萱捣练图卷》（局部）

《摹张萱捣练图卷》(局部)

画作5,《番马图》(波士顿美术博物馆收藏)

五代,作者为胡瓌(生卒年不详)。

画作有所褪色。绢本,屏风形式。高0.24厘米。

之前的标签上写着:《番骑图》胡瓌。

冈仓天心评论道:"胡瓌是一位唐朝末期著名的契丹(鞑靼)画家,而这幅画更可能出自一位宋代初期的画家。"

这不是宋代流行的那种题材;相对于极其精致的宋代艺术作品,它会不会是以前代胡瓌的作品为基础,形成了一种自由的创作?这可能是元代的作品,因为在那个时期,这些题材相当流行。

《番马图》

画作 6,《雪山行旅图》(波士顿美术博物馆)

宋代,作者为李成(919—967 年)。

淡墨设色,绢本画轴。尺寸:0.93 米 × 0.37 米。

画面有宋徽宗的印章,印章上有后期的笔墨,写了画家的名字和标题。画面有几处磨损和修复。

在同类作品中,此画尤为重要,这可能是整个藏品中最出色的宋代山水画。画作构图宏伟壮丽,看似天马行空、行云流水,但细节精巧、刻画细腻。山石、树木以及路上的行人都被描绘得栩栩如生,令人惊叹称奇。画家用笔娴熟,清淡明润,饶有韵致,虽用笔细腻,但画面整体恢宏壮阔,神形有致,和谐统一。

古柏苍虬,枝干交柯,老根盘结,河道曲折,丝毫不失灵气生动。由于丝绸和墨色的老化,画面整体呈现出柔美的金褐色调。

《雪山行旅图》

画作7，《花鸟画》（波士顿美术博物馆收藏）

宋代。

来源为《名人十四帧册》。画册首页是描绘花鸟的丝绸刺绣；其余几幅是绢本绘画。尺寸为0.29米×0.25米。

冈仓天心评论道："这本画册曾经属于袁渊，他是乾隆时期著名的鉴赏家和高官。在一次扬子江之行中，画册意外掉入水中，因此最后几页上有几处污渍。后来，这本画册流落到一个名叫完颜景贤的满洲贵族手中。在义和团运动期间，完颜景贤下落不明。这些画的出处都很久远，虽然有些地方的确存疑，但仍应予以尊重。《国华》杂志曾复刻过这些画卷。"

这本画册包含第12到第18张绘画作品，以及一些后期的其他画作。

刺绣花纹隆起，用棕黄色、蓝色和淡绿色的丝线绣成，绣料上有方格和花朵图案。树枝的轮廓部分有染色，整体构成了一幅非常精致的作品。

《花鸟画》，《名人十四帧册》首页。

画作 8，《冬景图》（波士顿美术博物馆收藏）

宋代，作者为范宽，又名范中正（990—1030年）。

水墨画，淡设色；绢本，团扇斗方册页。宽度为 0.25 米。

有元代宁宗皇帝的印章。

冈仓天心评论道："在这本画册中，并没有注明作者；但根据旧藏清先生的说法，这幅画是范宽的作品。毫无疑问，这是一幅宋代的画，而且更可能是南宋而不是北宋的作品。整幅画面极其精美。"

此画气象雄浑，画锋细密，实属罕见。在小型扇面的绘画中，很少见到描绘如此细腻、渲染如此精致的树木和山峦。可以说，这幅山水画气势磅礴、境界深远。画面技艺精湛、形态宏伟，又气韵雄迈。冬季雾气朦胧，远处山色若隐若现。不管这幅画的作者是范宽还是另有其人，都无疑是大师级人物。

《冬景图》

画作 9,《书法作品》(波士顿美术博物馆收藏)

宋代,书法,作者为南宋皇帝宋理宗(1205—1264年)。

墨笔绢本,团扇。高 0.25 米,有宋宁宗印章。

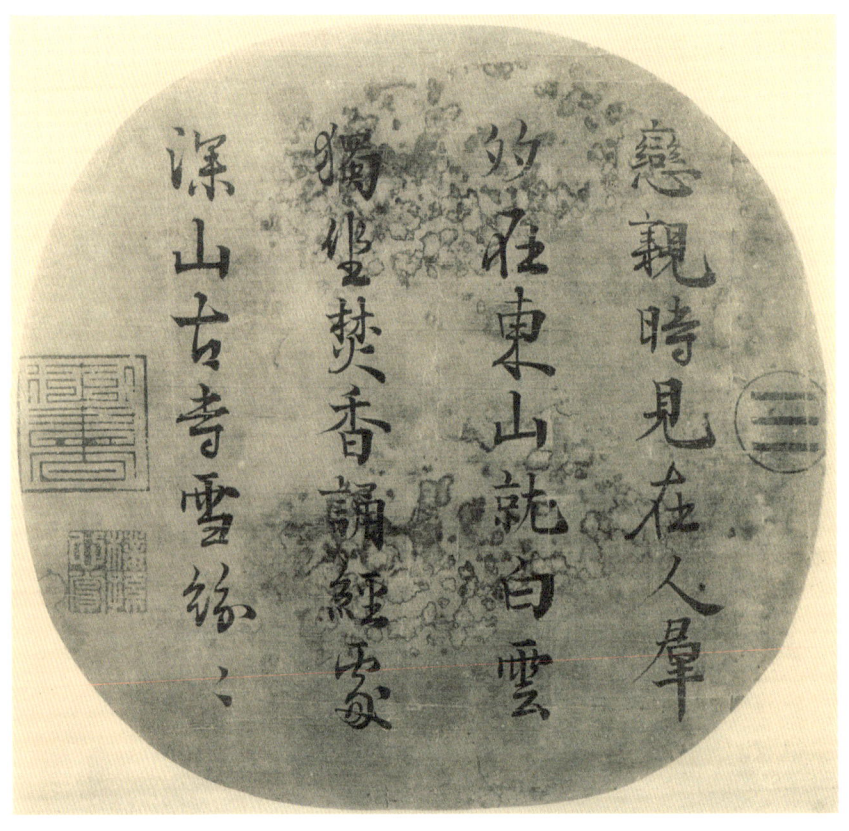

《书法作品》

画作10,《风雨行舟图》(波士顿美术博物馆收藏)

宋代,作者为夏圭(约1180—1230年)。此画描绘的是江景图,前景的石台上倒了一棵被风吹倒的大树。

水墨,淡彩。绢本,团扇。宽0.25米。表面有各种污点,多处有印章。

冈仓天心:"根据完颜景贤先生的说法,这幅作品可以追溯到很早的时期。"

毫无疑问,这幅画确实属于夏圭一贯的风格。另外,还有一些类似主题的小型画作,也是出自这位大师之手。但我不是非常确定,是否还有其他画家的笔触也是如此生动有力。如今,这幅画的保存状况相当糟糕,污迹斑斑,多处破洞,而且还被补了一层中性颜料。

《风雨行舟图》

画作 11，《秋景图》（波士顿美术博物馆收藏）

宋代，作者为赵大年（1080—1100 年）。

秋景图：画面右侧江干水渚，左侧树木葱葱，树下有座小屋。远处丘陵连绵。

水墨淡彩。绢本，团扇。宽度大约为 0.24 米。

罗吉："这幅作品笔墨柔润，甚至有些微茫缥缈，足以证明这是赵大年的作品。"

虽然这幅画并不是非常重要，质量也不高，而且保存状况相当糟糕，到处都有破洞，还有后世丝线的缝接；但是，我们可以从中看出，这是出自一位非常细腻的山水画家之手，他特别注重渲染气氛，大概生活在宋朝末年，模仿了赵大年的创作风格。

《秋景图》

画作12,《杨贵妃上马图》(波士顿美术博物馆收藏)

宋代,作者不详。

彩色。绢本,扇团图册。高度约为0.26米。

这是一幅有些学院派风格的小幅画作,但是,通过人物所站平台以外的树木、岩石,我们可以看出场景的宏大,感受到画面所传达的气氛。与其说这是自由的艺术创作,不如说是为一个中国历史事件绘制的插图。

《杨贵妃上马图》

画作13，《雪景寒林图》（波士顿美术博物馆收藏）

宋代，作者为范中正，又名范宽（990—1030年）。

墨色，绢本，扇团。宽度约为0.24米。

这虽是一幅小型团扇作品，但气魄非凡、气势恢宏。白雪皑皑，两棵枯萎的树干在岩石间盘根错节，灰蒙蒙的天空中弥漫着寒风。这一主题有种粗犷的感觉，作者通过坚定而宽广的笔触将其表现得淋漓尽致。如果范宽是这幅作品的作者，同时还创作了另一幅小扇面的话，那么他一定精通各种水墨技法：这两幅画作看起来可能是同一时期的作品，但并非同一位画家的手笔。

《雪景寒林图》

画作14,《大龙舟图》(波士顿美术博物馆收藏)

元代,作者为王振鹏(1280—1329年)。

墨画,绢本设色;团扇图册。宽度约为0.26米。

绘画上的题字:至尊品质。印章:天历(即元代皇帝文宗)。之前的标签上写着作者归属。

这幅小型绘画具有很强的装饰性;色彩曾经对画面效果起到了很大的作用,但现在已经明显变暗。这幅画的绘制非常精细,颜料有变干的倾向;不过,画面中那些全力划动长桨的小人却栩栩如生,表情丰富。

《大龙舟图》

《百牛图卷》

画作15，《百牛图卷》（波士顿美术博物馆收藏）

宋代，作者为李唐（1066—1150年）。

墨画，设淡彩；纸本，挂轴。尺寸：0.43米×0.37米。

罗吉："画卷上有乾隆的十八方印章，以及乾隆皇帝的赏析。另外还有高濂的题字，他将这幅画的作者归为唐朝末期的一位名叫张奋的画家，此人以田园风景画而闻名。"

然而，我们认为，将这幅作品归于宋代更为谨慎……考虑到纸和绢之间的效果不同，我们可以将这幅画与本博物馆编号为12.893的李唐的作品做一比较。这幅画似乎是挂轴的一部分……高濂生活在明朝；他是一位鉴赏家和一位杂家。

这幅画非常独特，非常出色，但一定不是唐代作品……它更可能是出自李唐之手，波士顿美术博物馆编号为12.893的作品《春社醉归图》（画作19）在风格和主题上与这件作品非常相似。画中的动物和人物都很有特色，不愧为宋代的大师。这幅画的整体色调为浅灰和淡绿，极富表现力。

画作 16，《雪山古寺》（波士顿美术博物馆收藏）

宋代，作者为范中正，即范宽（990—1030 年）。山水画：近景山石陡峭，远景有古木、寒林、溪流。山坳深处深藏古寺楼台。

淡墨，明显泛黑。七方印章。绢质，挂轴。尺寸：1.82 米 ×1.03 米。

就风格而言，这幅大型山水画与画家创作的小型团扇画风相似，笔法相同；我们在两处都可以注意到画家对物体形态的相似理解，以及对物体表现手法的相近表达。但是，画家对于这幅大型画作的掌控似乎并没有像那幅小型作品一样成功。这幅作品突出表现的细节过多，理应突出的主线条被相对弱化了，从而使画面缺乏了整体统一性。山形陡峭，峰峦岭岫，折落有势，近山远山树木叶落已尽，树杈上被积雪掩盖；细节的堆砌显得相当混乱。另外，这幅作品由于过度渲染和修复，已经或多或少失去了原有的色调。尽管如此，但不得不说，画面单一的棕灰色调很好地传达了阴霾天空和皑皑白雪的氛围。当我们看到这些错落山石里的苍茫荒凉、这片枯林寒木的静穆幽深时，就能感受到这是一位技艺娴熟、极富创造力的大师之作。

《雪山古寺》

画作 17,《狸奴婴戏图》(波士顿美术博物馆收藏)

宋代,作者为周文矩(五代时期)。

彩色。绢本,团扇画页。高 0.26 米。

一张中文标签:端午佳节,儿童嬉戏。一枚方印。

冈仓天心:"也许是宋代的;非常漂亮。"

这是一幅非常珍贵的小画,做工精致,色彩绚丽,清新脱俗,让人联想到宋代美丽的陶瓷。在这幅画面上,我们可以看到钧窑的那种淡蓝色调、哥窑的苔绿色以及古漆器的淡红色调。与后世的绘画相比,这里的色彩具有截然不同的质感,它们已经融入了绢布当中,画面丰富多彩,构图繁密精致。

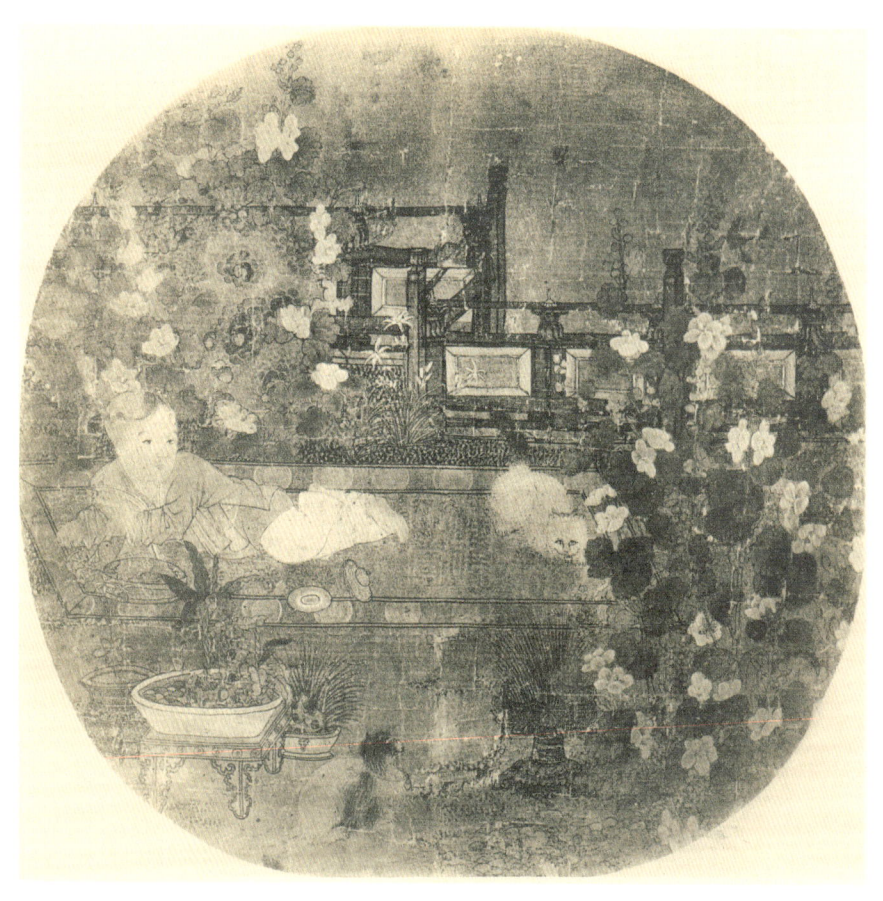

《狸奴婴戏图》

画作 18，《平林霁色图卷》（波士顿美术博物馆收藏）

宋代，作者为董源（10 世纪末）。

墨色，设淡彩，纸本，尺寸：0.37 米 × 0.51 米。

冈仓天心："在右下角有一个签名，完颜景贤先生说是董源的标记。"这幅画有一个标签，上面写着"平林霁色"。董其昌（Tong Ki-tch'ang）和端方（Touan Fang）将其题为"山中小屋"。附有多个题跋：

1. 由明代大鉴赏家董其昌亲笔，落款为 1633 年，他赞美了这件作品并证明其为真迹。

2. 由明代著名艺术家兼文学家文徵明（Wang Che-min）亲笔，日期为 1633 年。

《平林霁色图卷》（局部）

《平林霁色图卷》（局部）

3. 由明末的鉴赏家梅磊（Mei-lei）亲笔，他称除了董源的另一幅作品外，这是唯一一件他认为是真迹的作品。

4. 由端方亲笔，日期为 1911 年 3 月。

5. 由完颜景贤亲笔，作为最后一位拥有者，他对拥有这幅画之前的张氏家族进行了简要介绍。张彦腾（Tchang Yen-teng）在 1632 年到 1634 年间做官，是当时众所周知的人物。卷轴上带有各种张氏家族成员的印章。

这幅画构图精妙，意义非凡，实属佳作。尽管画卷很长，但构图却和谐统一。这是一幅远景全景图，可以一目了然。画中的各种元素完美平衡，不仅对比鲜明，而且节奏连贯。从近处看，这幅画卷也同样令人赞叹不已，充满了耐人寻味的细节，让我们一边走一边细细品味：乘上一叶扁舟，穿过宽阔的河流；沿着蜿蜒道路，穿过河滨的树林；最后，一条山间小道将我们带到远处云雾缭绕的寺庙。作者笔力沉雄，画面景致细密，充分展现了平远幽深的壮阔景色；它就像是一部交响乐作品，或者，也可以说，这是一部描写山川河流的史诗。水色江天，云雾显晦，峰峦出没，汀渚溪桥，画面景物安排有序，和谐统一，给人豁达旷舒之感。

画作 19,《春社醉归图》(波士顿美术博物馆收藏)

宋代,作者为李唐(1066—1150 年)。

墨色,设彩。绢本。尺寸:0.26 米 × 0.27 米。

之前的标签上写着:"春社醉归。"画卷上有两个印章,有污渍和水渍。

这是一幅精湛的小画,展现了真正的宋代作品所具有的细腻、深厚的特点,极富表现力。此图题材与画作 15 相似,但创作手法更为出色。以我看来,这幅作品是同类作品中极佳的一类,可以说,它是宋画真正的典范。

《春社醉归图》

画作 20，《山水图卷》（华盛顿弗利尔美术馆收藏）

宋代，作者为米芾（1052—1108 年）。

墨色，画面呈深黑色，状况不佳。绢本，挂轴。尺寸：1.50 米 ×0.78 米。

画面有一处题跋和九方印章。背面有两处题跋、一个标签和两方印章。

罗吉："可能是一件宋代作品，如果不是米芾亲笔，那可能是后人模仿他的手法创作而成。无论如何，这都是一件有意义的作品。"

这幅作品破旧不堪，年代久远。它确实有一些米芾作品的风格，但在找到确切的参照物之前，我们没法确定它是出自米芾之手，还是他的学生之手。题跋看起来非常真实，可能是宋代的作品。

《山水图卷》

画作21，《溪山秋霁图》（华盛顿弗利尔美术馆收藏）

宋代，作者为郭熙（约1001—1090年）。

水墨淡设色，绢本，图卷。尺寸：2.06米×0.26米。

画卷有签名，十四方印章。右侧裱边上有题跋。左侧有三方印章、七则题跋，裱边有十五方印章。另有一张标签。

端方曾经收藏过这幅作品；在1911年3月的《国华》杂志中也复刻过这件作品。在杂志的附文中，泷先生观察到，画家使用了所谓"蟹爪画法"来描绘树木。他补充说："目前看来，我们对这件杰作的评价还不够高，但每位对中国艺术感兴趣的人都应该对此仔细研究。"关于作者的问题，他说：

《溪山秋霁图》

画作注解　047

"我们无法完全肯定它是出自郭熙的手笔，但总体来说，它肯定不可能晚于宋代。"此外，它还带有元代初期鉴赏家柯九思（Ko Kieou-sseu）的印章。

罗吉："在同类作品中，此作堪称一流，可能是11世纪至12世纪郭熙的作品。他是1001至1090年间的画家。此画意义非凡。"

也许是有一幅更大的画卷，这幅作品可能只是其中一部分，大的画卷可能被裁成了两个部分；此画已经发黑。复刻无法还原原作的格调气势，也不能再现原作色调的细腻精妙。这是宋代诗意山水画的精致范本，构图宏伟，笔调灵动。画面层层渲染，即使单色水墨也依然色彩缤纷。

《溪山秋霁图》(局部)

画作注解　049

《溪山秋霁图》（局部）

画作 22，《群仙高会图》（华盛顿弗利尔美术馆收藏）

宋代，作者为李公麟（1049—1106 年）。
天神与仙女在幻境之中。

线描，墨画，纸本。尺寸：0.42 米 × 9.49 米。

画卷有十方印章。裱边右侧有一则题词、四方印章和一张标签。左侧有一则注解和三方印章。

罗吉："尽管不乏矫揉造作之感，但画作的图和笔法仍然相当出色。这是一幅宋代的原创作品，甚至可能就是出自这位大师之手。"

这幅长卷因其梦幻般的神话色彩而极具吸引力；笔法轻盈，十分传神，进一步凸显了这一视觉特征。与另一幅李公麟的长卷相比，这幅画作的明暗对比更加明显，画风也更加灵动多变。我认为这两幅画并非出自同一人之手，它们都是宋代作品，颇具魅力，但意境却截然不同，这幅画卷的作者似乎更胜一筹。

画作注解　　051

《群仙高会图》(局部)

画作 23,《庭院宫殿图》(华盛顿弗利尔美术馆收藏)

宋代,作者为李公麟(1049—1106 年)。

用墨线勾勒,纸卷。尺寸:0.37 米 × 1.65 米。

画卷有八方印章。裱边有一则题词、三方印章和一张标签。外部也有一张标签。

罗吉:"这是一位大师绘画的作品。这是一幅宋代的作品,很可能是李公麟的作品。"

这幅作品非常出色,题材也十分新颖。笔触细腻精致,很难加以模仿。纸张的淡灰色与墨色之间没有对比,画面表现出色。可能有部分建筑物是用尺规绘制的,但是画面如此精致,完全没有僵硬感,也没有任何干涩感。这幅作品的笔法极致精细深远,没有任何沉重感。

我们可以引用一下 14 世纪的画家唐豴(T'ang Houo)关于"界画"的相关论述:

"通常人们认为绘画有十三种形式,其中山水画为首,界画为末。这导致了一个

《庭院宫殿图》(局部)

错误的观点,即认为界画是一门容易的技法。方形、圆形、角度、线条、高度和距离的比例以及远近关系,都是界画中难以掌握的难点,即使是最熟练的木匠和建筑师也无法完全得心应手。更何况,对于画家来说,要通过毛笔、墨水、磨墨石和一尺的标尺等工具,将他的构思传达到纸张或丝绸上,并且必须让自己的画作横平竖直,符合构图,这又何尝是一项简单的任务呢!在古代,所有其他绘画分支都有代表作,只有界画在唐朝没有代表作。这门学科的历史可以追溯到五代末期的郭忠恕(Kouo Tchong-chou)。再到后来,赵孟頫教他的儿子赵雍(Tchao Yong)学习界画时曾说:"所有其他绘画形式都能容忍差错,而在界画当中却恰恰相反,只有画家的技法非常娴熟,画作的各个部分才能恰到好处。"[亚瑟·韦利(A. Waley)译,《中国绘画研究导论》(*Introduction to the Study of Chinese Painting*)]

画作 24,《二郎搜山图》(华盛顿弗利尔美术馆收藏)

宋代,作者为李嵩(约 12 世纪)。
鬼怪搏斗蛇与树。

白描淡色,墨画,纸本。尺寸:0.47 米 × 8.07 米。

画面有题款和三方印章。

罗吉:"精彩,尽管这幅作品有些许矫揉之风,但我觉得这件作品依然技艺高超,甚至具有一定的权威性。"

这首先是一幅巨大的插图,可能是源于某个奇幻传说,也可能是对神秘宗教的幻象描述。这幅画作的主题可能有某种象征性含义,但我们就不得而知了。野兽和鬼怪的搏斗和嬉戏很好地表达了散布在树林和山谷中的基本元素的纯朴自然;让人感受到大自然潜在而神秘的生命。画面色彩并不明丽,但依然极富生命力,手法相当娴熟。这幅作品的创作年代似乎不是很久远,最早能追溯到明初,但从画家的创作手法来看,这幅画应该是宋末的作品。

《二郎搜山图》(局部)

《二郎搜山图》（局部）

画作 25，《松荫书屋图》（华盛顿弗利尔美术馆收藏）

宋代，作者为徐世昌（12 世纪）。
山水之间，峭壁耸立，一条激流，一位文士隐居。

墨画，设淡彩，绢本。尺寸：1.85 米 × 1.02 米。

题跋中包含落款，有一方印章。

罗吉："具有'马夏'（马远、夏圭）之风，并非毫无可取之处；可能是宋代的一幅画，或者是一幅出色的明代仿作。这位鲜为人知的艺术家以绘制花鸟而著称。落款看起来有些可疑。"

这幅画上的落款可能是真迹。徐世昌是一位知名度不高的画家，现代伪造者不太可能在一幅画上冒用他的名字。这幅画在整体特征上非常类似马家画派的风格，如果冒用，更可能会使用马远或其他一些著名画家的名字。在同类收藏中，还有一幅马远的山水画，这幅画实际上与马远的作品如出一辙，而且保存得更好。我甚至可以说，我所知道的画作中，没有一幅能更清晰、更令人信服地表现出宋代大师的真实技艺。这幅画的构图虽然不是最宏大的，但很均衡得当。画上还有一些细节，如左角的光秃柳树，也是马远画作中的标志性景物。这幅画没有许多所谓宋代山水画的缺点，它是一个和谐的整体，其中，我们可以感受到作者天才般的跃动。

《松荫书屋图》

《钟离访道图》

画作 26,《钟离访道图》(华盛顿弗利尔美术馆收藏)

五代,作者为荆浩(约 870—935 年)。
山水画:山脉、峡谷、亭阁和行人。

墨色,设淡彩。绢本。尺寸:1.47 米 × 0.74 米。

保存状况较差,一方印章。画作背面有六处题词、一张标签和十八方印章。

罗吉:"巧妙,但略有矫揉之风,总体上是幅不错的作品。看起来似乎是宋代的,但应该也不会是这么久远。"

在馆藏的宋代山水画中,这幅是最毋庸置疑的一件作品。此画表现力强,纵横对比强烈,笔触有力,细节丰富,画面精致;但由于画作保存不善,我们可能会觉得有些混乱。这位画家可能不是最伟大的画家之一,但无论如何,他具有独创性和个人风格。

画作 27,《盘车图》(波士顿美术博物馆收藏)

宋代,作者为周锐(12世纪)。
山水画:牛车沿着山路前行。

　　墨色,设淡彩。绢本,挂轴。尺寸:1.04 米 ×0.51 米。

　　三方印章。现存的落款年代并不久远,旁边似乎还擦掉了一个更早期的落款。

　　这幅画的所有边缘都被修剪过,有些地方磨损严重,但并没有因为修复而有所损坏。剩下的部分非常有趣,寓意也被很好地呈现了出来。在陡峭的山间小路上,几头牛拉着沉重的车子穿过,还有一些行人在客栈里休息,这些都是从中国的农村中捕捉到的生动细节。在今天的乡村,人们仍然能够看到这些景象。对于山川的描绘,画家很可能也是从自然景观中汲取灵感,并将其完整地描绘到了这幅紧凑的长卷当中。

《盘车图》

画作 28，《文姬归汉图》（波士顿美术博物馆收藏）

宋代，旧传为顾德谦（唐朝末期）作品。

彩色，绢本。画册。尺寸：0.24 米 × 0.22 米。

古代标签：《文姬归汉图》。

冈仓天心："文妃是汉末时期的一位女子，被匈奴首领俘虏，在塞外度过了漫长的岁月（根据不同作者的不同说法，时间为十二到二十年），并在那里生下了两个孩子。最终她被曹操解救，回到了故土。这是一首著名的十八节诗歌的主题。画家们乐于描绘她流亡的十八个场景。这幅画可能是一个包含十八幅作品的系列中的一部分，可能为宋末或元初的作品。"

或许类似的主题在早期各位大家的手笔中已经相当常见，但这幅画依然相当精美。人物刻画细腻，马匹的动态也惟妙惟肖。画家非常清楚这类主题的特点，他可能更多地从早期的人物画中获得了灵感，而不是直接从自然环境中受到启发。他巧妙地呈现了各个形象，但又不过分强调轮廓。画面中灰色、红色和棕色色调非常漂亮。

《文姬归汉图》

画作 29,《柳岸远山图》(波士顿美术博物馆收藏)

宋代,作者为马远(1190—1235 年)。

山水画:前景有光秃柳树,远处是群山,中间是一座桥横跨水面,对岸有一个小村庄。

水墨,带有淡蓝色调。绢本,团扇斗方。宽 0.24 米。

画卷保存了部分马远的签名,有三枚后期的印章。早春的清晨,尽管风已经轻拂柳树的树梢,雾气也渐渐散去,但这里仍然是一片宁静。宋代山水艺术的诗意尽在这一页画卷之中。画卷通过色调的变化来暗示氛围,前景瘦弱的柳树与远处巍峨的山脉形成鲜明的对比。与现存马远的签名相比,画作很可能是同一位画家的手笔。

《柳岸远山图》

画作 30，《梅间俊语图》（波士顿美术博物馆收藏）

宋代，作者为马远（1190—1235 年）。两位高士和一名仆人在一棵梅花树下。

水墨，淡设彩。绢本，团扇斗方。宽 0.25 米。

落款：马远。两枚完整的印章，另有三方其他印章，有残缺。

梅树盛开，但高士似乎并不为大自然的外在改变所动。他坐在一块岩石上，远处恭敬地坐着来访的客人，高士静静听着他讲话。他们的对话缓慢，言语不多，沉默比语言更富有表达力。画家寥寥数笔，却激发了我们的想象力。他传达的意境远远胜过画面的描绘，在这幅小画中扣响了震撼人心的和弦：春天的美丽，存在的意义！

《梅间俊语图》

画作 31,《庞灵照图》(波士顿美术博物馆收藏)

宋代,作者为马远(1190—1235 年)。

水墨,淡设彩。绢本。尺寸:0.26 米 × 0.24 米。

画面中有处印章,但难以辨认,上面刻有马远或他的儿子马麟的名字。

灵照(Ling-tchao)是一位修禅居士,是唐代的庞蕴(P'ang Yun)之女。

这幅画的基调是灰色的,恰如冬天萧瑟的气氛;柳枝光秃秃的,灌木树丛中仅剩的几片零星叶子也都干枯凋零。女子冻得瑟瑟发抖。看到她在这荒凉的景色中孑然一身,我们感受到外部的世界只是她心灵的倒影,而事物的艺术意义更多在于它们的深层关系而非外在形式。

《庞灵照图》

画作32,《九龙图》(波士顿美术博物馆收藏)

宋代,作者为陈容(1200—1266年)。
九龙腾云驾雾。

水墨,设淡彩。纸本。尺寸:0.46米×9.6米。

这件作品保存完好,有五十多个题跋和印章,其中十五个在画作上方,其余位于底部。其中包括乾隆和嘉庆两位皇帝的鉴藏印记,以及其他许多著名文人和政客的题跋。画家本人还写了两篇评论,其中一篇的日期是1244年。有关这幅卷轴的更多细节,包括主题和作者的信息,可以参阅罗吉先生的文章《美术博物馆公报》,此篇文章于1917年12月发表于波士顿。

毫无疑问,这幅长卷是现存宋朝末期水墨画中最为出色的作品之一。从始至终一直都被认为是画家的真迹,这幅作品以其宏大的构图和遒劲的笔法,胜过了陈容的其他任何绘画作品。在这个连续的长卷画作中,从中挑选出的一些小细节并不足以展示出这件作品的价值,也显现不出它的宏大规模。但是即使在最小的节选中,人们至少也能注意到作品浓烈的生命力以及笔触彰显的韵律。我们赞同陈容传记的作者所言:"即使在他有生之年,人们也把他的龙图看作是优秀杰作,他的荣耀将流传几个世纪。"

画作注解　　065

《九龙图》（局部）

《九龙图》(局部)

画作注解　　067

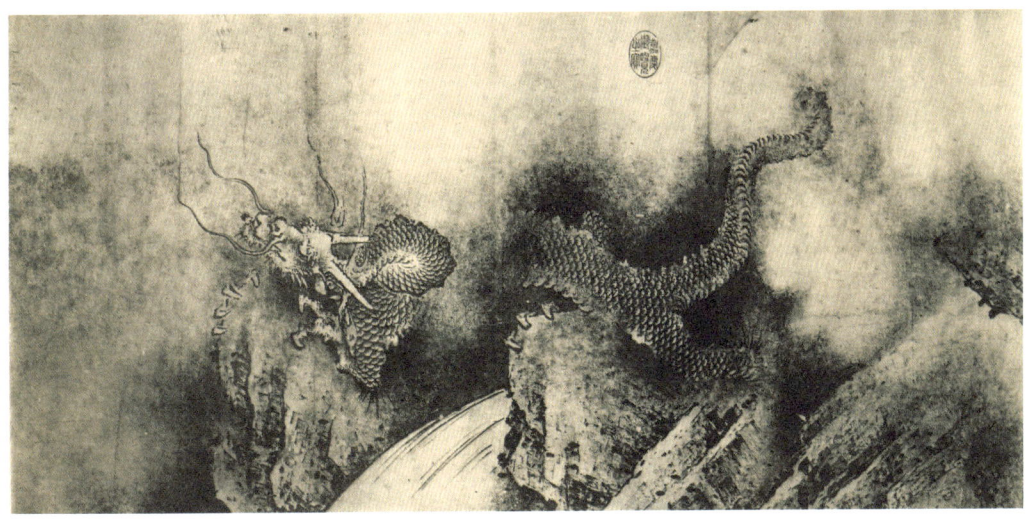

《九龙图》（局部）

画作 33,《四龙图》(波士顿美术博物馆收藏)

宋代(存疑),作者为陈容(1200—1266年)。四条龙,源泉从岩间滴出。

水墨画,纸本。尺寸:0.45 米 ×2.55 米。

画卷有多个印章。保存状况良好,纸上的一些小孔已用黑色填充。

罗吉:"这应该是陈容最杰出的作品之一。"

这幅绘画毫无疑问也是陈容的作品,是他另一幅以龙为主题的画作。虽然没有前一幅长卷那样磅礴气势、大胆明快,但它仍不失为一幅杰出的佳作,且十分引人注目。瀑布般的水流在岩石间飞溅,缭绕的雾气在云层中盘旋,神秘的龙突然出现,仿佛闪电般在云雾中诞生。画家将一切细节都表现得淋漓尽致,笔法遒劲有力,仿佛飓风一般席卷而来。同时,画面又虚实相印,张弛有度。

画作注解　069

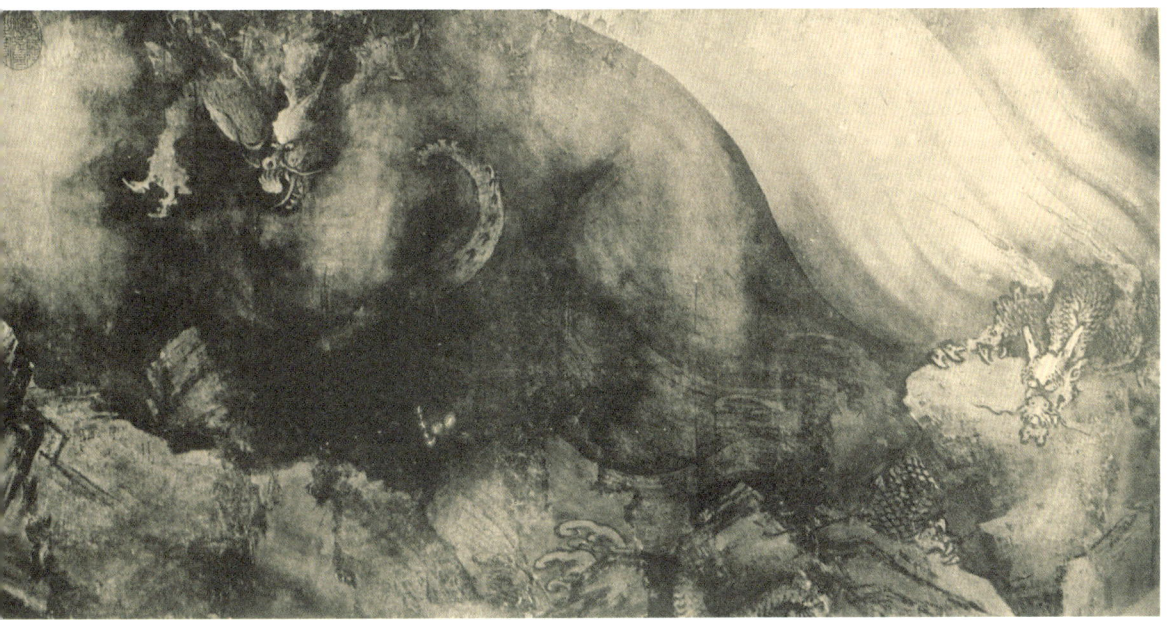

《四龙图》

《松下临江图》

画作 34,《松下临江图》(华盛顿弗利尔美术馆收藏)

宋代(存疑),作者不详,旧传为马远(1190—1235年)作品。

一高士在山中亭下,松柏恣意,亭阁临江。

水墨画,设淡彩。绢本,挂轴。尺寸:1.90米×1.23米。

多处有受损和修复痕迹。背面有一张标签。

罗吉:"不乏趣味。这幅画可能出自马远之手;无论如何,这幅画似乎是宋画。"

这幅作品虽然状况不佳,但仍保留着一些宋代山水画的风采。技艺不俗,但略显粗糙,这使我怀疑它可能晚于宋代。

画作注解　　071

画作 35，《花枝上的两只鸽子》（华盛顿弗利尔美术馆收藏）

宋或后代，作者不详，旧传为边鸾（约 785—806 年）作品。

　　彩色，纸本。尺寸：0.60 米 ×0.39 米。

　　八方印章，两处题词；背面有一张标签和七方印章。

　　罗吉："这是一幅构思巧妙、十分精美的作品，可能为宋代作品。它看起来是原作，但并非出自边鸾之手，也不是他那个时期的作品。"

　　这幅画画风亲切，感情真挚，笔法稳健。尽管纸张较薄，整体呈灰白色，且有修补痕迹，但整体保存良好。画面色彩由红褐色和灰色组成，柔和淡雅，十分美丽。该幅作品展现了一种宋代绘画的成熟风韵。

《花枝上的两只鸽子》

画作 36，《归去来兮图》（华盛顿弗利尔美术馆收藏）

宋代（存疑），作者不详，旧传为李公麟（1049—1106年）作品。

《归去来兮图》，依据陶潜（365—427年）诗歌所作。

水墨，设淡彩，绢本图卷。受损较严重。尺寸：0.40米×1.46米。

画卷有一则题词和三方印章。锦缎框架上有一张标签和六方印章。左右两侧的框架上各有一则题词和三方印章。

罗吉："这幅作品十分有趣、清新脱俗，生动有力，是某位伟大山水画家的作品。但我认为这幅作品并不是李公麟所作。"

作为诗篇的配图，这幅作品非常出色，生动形象，直白真实。画风自由随意，所有特点都指向它是一幅原创作品，也许是一幅宋代作品。但由于清洁不当，修补不慎，导致画面褪色及破损。另一幅画卷也展示了同一主题。（见画作37）

《归去来兮图》

画作注解　　073

画作37,《归去来辞图》(华盛顿弗利尔美术馆收藏)

宋代,作者不详,旧传为李公麟(1049—1106年)作品。

《归去来辞图》,依据陶潜(365—427年)诗歌所作。画面描绘了六幅场景,每个场景都附有题词。

彩色。绢本长卷。尺寸:0.37米×3.72米。这是较短画卷《归去来辞图》的续篇。

锦缎框架上有两则题词和四方印章。右侧的框架上有一则题词和四方印章。左侧的框架上有三段文字和七方印章。另有一张标签。

罗吉:"依据陶潜诗歌而作,可追溯到1110年。"

这幅卷轴描绘了一位已经隐退的官员的生活和活动。画作描绘的六个场景分别为:1.与妻子和三个孩子共进晚餐。2.在花园的岩石间散步。3.款待客人。4.坐在篷车上,漫步在自家土地上。5.观察水稻田和茶树。6.在水边的悬崖上冥想。

在这些画作中,有的抒发了对大地的热爱,有的则充满了中国乡间小院的亲切感,在那里,人们可以慢条斯理地用餐,朋友之间可以安静地交谈。这些画作富有深意,让观众如临其境。此外,画作并非出自一个技艺高超的画家之手。可以说,画家本身或多或少就是出自农村,除非他根据主题调整了自己的画风。

《归去来辞图》(局部)

《归去来辞图》(局部)

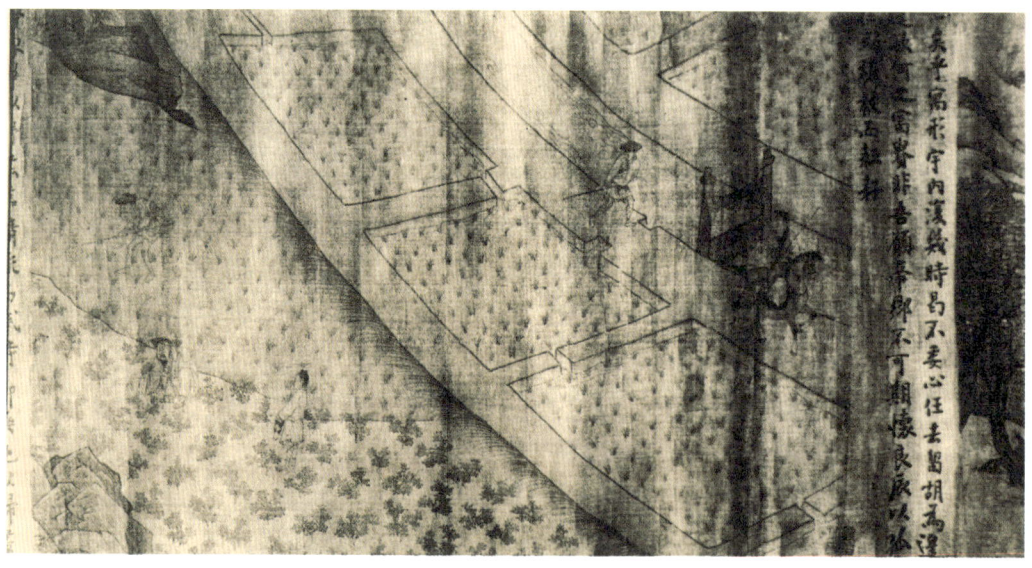

《归去来辞图》(局部)

《归去来辞图》(局部)

《松山行旅图》

画作 38，《松山行旅图》（华盛顿弗利尔美术馆收藏）

宋代，作者为李山（约 1250 年左右）。
山川溪流景象，前景为松树丛。

水墨画。受损严重，部分修复。绢本画轴。尺寸：1.64 米 × 1.07 米。

画卷有十四方印章，两处题词；背面有一张标签和五方印章。

罗吉："很可能是李山时期的作品，甚至出自李山之手。"

尽管我们看到的这幅画作状态极差，有的地方修复非常粗糙，有的地方则面目全非，但它仍是同类作品中的一件杰出佳作。这幅作品保留了宏大的诗意山水氛围，展现了大师笔法的韵味。作品色调丰富而深沉，即便是在古老墨迹中，画面仍然显得"色彩缤纷"。绢本质地细腻光滑，但极其脆弱，似乎随时都可能剥落。树下和小船里的小人物非常生动，新颖独到。悬崖上的树木似乎在用光秃秃的树枝乞求春寒料峭的天空。

画作 39，《雨余烟树图》（波士顿美术博物馆收藏）

宋代（存疑），夏圭（约1180—1230年）风格作品。山水画：岸边铺散着渔网，一簇高大的树木，远处是高山。

墨画，淡彩。绢本，挂轴。尺寸：1.44米×1.01米。

这幅画代表了宋代后期一种类型的山水画，这时的山水画以李成、范宽为代表。毫无疑问，这也是西方人更容易接受的创作形式，他们能从中感受到更多美感。在构图上，作品没有天马行空的想象，而是更倾向于表现现实。画面富有田园诗意，虽然笔法看上去似乎不够遒劲有力，但画风自由而灵动。树木的描绘没有层次可言，远处的山脉也不过是朦胧的剪影。虽然画面的色调有所变化，但并没有表现出远近对比，也没有描绘出画面的纵深感。这幅画可能在翻新的过程中受到了一些损害，但它本身就没有表达出空间感，甚至可以说是无限的空间感，一些同一系列的小团扇也是如此。我们很难将这幅画归于是宋代的任何一位山水大画家所作。也许是受到夏圭作品的启发，但一定是出自某位后世的画家，在原创性方面是比不上夏圭的。

《雨余烟树图》

画作 40,《人马图》(波士顿美术博物馆收藏)

宋代,作者为郝澄(13 世纪)。
一个人在奋力勒马。

水墨淡彩,绢本斗方。尺寸:0.33 米 × 0.36 米。画卷有一则题跋和四方印章。

冈仓天心:"非常有趣。可能成于宋代,也可能是更晚的元代。总之,非常美丽。"

罗吉:"画上右上角有一块粗糙的方形丝绸;另外还有几块小一些的,其中一些是

《人马图》

用碎块的旧绸制成的。"

"题跋似乎都是出自同一人，写道：'郝澄笔；御制［纪年］丁亥（即公元1107年）。'接着是徽宗的年号（1082—1135年）。题跋处的印章是这位皇帝经常使用的。但由于宋徽宗生活的年代比郝澄早约一个世纪，因此这里的御笔亲书很显然是伪造的。尽管如此，这幅画却不失为真迹。"

郝澄是江苏句容人，字长源，是宋代小有名气的画家，以画马而闻名于世。

这幅画以其几乎印象派的效果而引人注目，这要归功于一种沿对角线聚焦的构图方式，呈现出几根韵律协调的线条。人物和马以飘逸的姿态呈现；它们被轻微地描绘，勉强与背景有所区别。这种手法明显具有宋代的特色，毛笔的运用表现出一位优秀大师的特质。题跋显然是后来添加的。

画作41,《五百罗汉图》系列之一（波士顿美术博物馆收藏）

宋代，作者为周季常、林庭珪（1163—1180年）。骑着骆驼的印度人献珊瑚和珠宝给罗汉。

彩色鲜艳，绢本，尺寸：1.11米×0.52米。这幅画与接下来的八幅同属大德寺的《五百罗汉图》系列，尺寸和创作手法相同。

冈仓天心："非常重要的作品，通常被认为是李龙眠或禅月贯休所作。这是《五百罗汉图》100幅作品中的一部分，最初属于北条（Hôjô）家族，后来由丰臣秀吉（Taikô Hideyoshi）赠送给京都的大佛寺。再后来，这套画进入了京都大德寺的珍藏，寺内保留了82幅。据我们所知，私人收藏还有2幅，我们的博物馆中有10幅。在大德寺保存的其中一幅画上有一则题词，根据题词，这套画作是1178年艺术家周季常和林庭珪应明州寺（Ming-tcheou）惠安院（Houci-ngan Yuan）所托而绘制的作品。"

惠安院今称青山宫（Ts'ing-chan），而明州即今天的宁波（浙江省）。

与同系列的其他作品相比，这幅画受损较为严重，大部分山水背景已经消失，但人物却完好无损。这幅画的构图极具特色，与该系列其他几幅作品相比略有不同：画面形成了一种双曲线构图，整个画面呈对角线展开；飘逸的斗篷、流动的云彩无不彰显出画面的动感，加强了画面的节奏。这个系列的画作大多遵循类似的模式，但通常它们的构图都更加平稳，画面会围绕一些直线展开。

颜色总体上相对较为浓烈。背景的山水和云彩用的是水墨，但衣物则是明亮的颜色：主要以清新的蓝色、绿色、红色、粉红色、黄褐色为主，没有任何淡化的色调。白色颜料几乎完全脱落。我们可以在一些画作中看到一些修改的痕迹。

从保存在京都大德寺的同一系列签名作品来看，在这两位画家中，林庭珪也许更为逊色一些。他的笔触似乎比周季常更为生硬，着色也更粗糙。他对山石和树木的描绘让人联想起元人的画作，而周季常的山水画则更忠实于宋代传统。

《五百罗汉图》系列之一

画作42，《五百罗汉图》系列之二（波士顿美术博物馆收藏）

作者与尺寸同画作41。

战胜道教异端。祭坛上焚烧着佛经和道经，只有佛经奇迹般地保存了下来。道教徒们惊愕不已；两名儒学官员则怀着敬意凝视着这一幕。

来自大德寺的《五百罗汉图》系列。

《五百罗汉图》系列之二

画作 43,《五百罗汉图》系列之三（波士顿美术博物馆收藏）

同上。

罗汉渡江。

来自大德寺的《五百罗汉图》系列。

《五百罗汉图》系列之三

画作 44，《五百罗汉图》系列之四（波士顿美术博物馆收藏）

同上。

罗汉布施。

来自大德寺的《五百罗汉图》系列。

《五百罗汉图》系列之四

画作 45,《五百罗汉图》系列之五（波士顿美术博物馆收藏）

同上。

涅槃。

　　来自大德寺的《五百罗汉图》系列。

《五百罗汉图》系列之五

美国馆藏中国画

《五百罗汉图》系列之六

画作46,《五百罗汉图》系列之六（波士顿美术博物馆收藏）

同上。

布施贫饥。

来自大德寺的《五百罗汉图》系列。

画作 47,《五百罗汉图》系列之七(波士顿美术博物馆收藏)

同上。

竹林至深。

来自大德寺的《五百罗汉图》系列。

《五百罗汉图》系列之七

《五百罗汉图》系列之八

画作 48,《五百罗汉图》系列之八(波士顿美术博物馆收藏)

同上。

观舍利光。

来自大德寺的《五百罗汉图》系列。

画作49,《五百罗汉图》系列之九（波士顿美术博物馆收藏）

同上。

一位罗汉在水中沉思，其他的罗汉在他头顶的云端。

　　来自大德寺的《五百罗汉图》系列。

《五百罗汉图》系列之九《洞中入定图》

《十六罗汉图》系列，第四罗汉

画作 50，《十六罗汉图》系列（波士顿美术博物馆收藏）

宋代，作者为陆信忠（13世纪）。
第四罗汉，正在阅读一卷经书，他面前站着一名小僧，手持火把。

除了《十六罗汉图》系列的第十罗汉画作，其余均为同一作者，是源自日本的一件仿制品，品质平庸，目的是替代遗失的原作，我们对此不再进行复刻。

所有这些绘画的色彩都很鲜艳，画布大小大致相同，尺寸：0.80 米 ×0.41 米。

与画作 51 和画作 60 作品一样，这幅画也标有一个寺庙的名字，"水昌山"（Chouei chang Chan）、"万寿寺"（Wan-cheou sseu）；整套作品曾经很可能都属于这座寺庙。

画作 51，《十六罗汉图》系列（波士顿美术博物馆收藏）

同上。

第八罗汉，正在凝视天空中出现的巨龙。他有着印度教徒的深褐色皮肤，身穿红色袈裟，外罩绿色长袍，头顶环绕着一个巨大的绿色光环。

参见画作 50 的注解。

《十六罗汉图》系列，第八罗汉

画作 52,《十六罗汉图》系列(波士顿美术博物馆收藏)

同上。

第十一罗汉,正在盯看一群羚羊。一名僧人抱着一摞书,另一名僧人拿着一个碗,似乎在用碗喂羚羊。

参见画作 50 的注解。

《十六罗汉图》系列,第十一罗汉

画作 53,《十六罗汉图》系列（波士顿美术博物馆收藏）

同上。

第五罗汉，手持香炉。他身旁有三名祈祷的僧侣和一位身着红袈裟的苦行僧。罗汉的袈裟是白色的，座椅上盖着红色的布料。

参见画作 50 的注解。

《十六罗汉图》系列，第五罗汉

《十六罗汉图》系列，第三罗汉

画作 54，《十六罗汉图》系列（波士顿美术博物馆收藏）

同上。

第三罗汉，正在冥想，一条龙环绕着他。在所有这些画作中，这幅是着色最少的，以灰色和绿色调为主，附以些许白色。

参见画作 50 的注解。

画作 55,《十六罗汉图》系列（波士顿美术博物馆收藏）

同上。

第一罗汉，正在阐述佛经。

参见画作 50 的注解。

《十六罗汉图》系列，第一罗汉

画作 56,《十六罗汉图》系列（波士顿美术博物馆收藏）

同上。

第十四罗汉，正在莲花池边沉思。柳树后面站着一个仆人，托盘上放着两个小盒子。罗汉身披一件红褐色袈裟，外面罩着一袭绿袍。

参见画作 50 的注解。

《十六罗汉图》系列，第十四罗汉

画作 57,《十六罗汉图》系列（波士顿美术博物馆收藏）

同上。

第十三罗汉，坐在一块岩石上。一个赤身裸体的樵夫给他献上水果，另一个男子托着一座小塔，来到土丘后面。

参见画作 50 的注解。

《十六罗汉图》系列，第十三罗汉

《十六罗汉图》系列，第十二罗汉

画作 58，《十六罗汉图》系列（波士顿美术博物馆收藏）

同上。

第十二罗汉，正在接取一颗宝石。在他身边，有两名祈祷的僧侣。

松树树干上有画家的小字签名，内容为："出自四明（宁波旧称）车桥陆信忠之手。"

每幅画都标有所描绘罗汉的名字。这个题字有些已经变得几乎无法辨认。

参见画作 50 的注解。

画作59,《十六罗汉图》系列（波士顿美术博物馆收藏）

同上。

第二罗汉，他站在阳台上，看着两只舞狮。他的身边有两名侍僧。

参见画作50的注解。

《十六罗汉图》系列，第二罗汉

画作 60，《十六罗汉图》系列（波士顿美术博物馆收藏）

同上。

第十五罗汉，他正在观看一个小男孩研墨。两名着常服的男子（儒家文人？）站在一旁，虔诚地注视着这一场景。

参见画作 50 的注解。

《十六罗汉图》系列，第十五罗汉

画作61,《十六罗汉图》系列（波士顿美术博物馆收藏）

同上。

第六罗汉，正在祈祷。两名侍者在他身边，两名着常服的祷告者站在他脚下。

参见画作50的注解。

《十六罗汉图》系列，第六罗汉

《十六罗汉图》系列,第七罗汉

画作 62,《十六罗汉图》系列(波士顿美术博物馆收藏)

同上。

第七罗汉,正在与一只老虎嬉戏。他坐在一块岩石上,身后是一棵树,他的仆人试图躲在树后。

参见画作 50 的注解。

画作 63，《十六罗汉图》系列（波士顿美术博物馆收藏）

同上。

第十六罗汉，凝视着从一个瓶子中喷发出的一束光，他身披绿色外袍。

这是一幅令人印象深刻的作品。

《十六罗汉图》系列，第十六罗汉

画作 64，《十六罗汉图》系列（波士顿美术博物馆收藏）

同上。

第九罗汉，凝视两条龙的激斗。他身穿红色外袍。

这是该系列中最美的作品之一。

冈仓天心："中国的艺术文献中并未提到陆信忠，但他的名字曾出现在相阿弥（Sôami）的书录当中，在日本很有名。我们不知道他生活在哪个时期，但鉴于他的绘画风格，以及他经常声称居住在庆元府（即当今的宁波），而在南宋灭亡后（1195年），就不再使用庆元府这个名字了，所以我们推测他应该生活在南宋时期。在这个系列中，每幅画的绘画方式都有所不同。有些明显是他所属流派的作品。我们不知道它们所属的年代，所以这些作品都没有标明年代。中国的历史记载中也没有陆信忠的名字。他曾被认为是唐代人，后来又被认为是宋代人，再后来又是元代人。他的绘画质量参差不齐。他创作了许多罗汉系列和阎王系列的画作，这些作品在宋末和明初非常受欢迎。他的作品有时是由他亲自绘制的，有时是由他的学生完成的。在中国人精心编制的许多画家名录中，并未有过他的名字，这似乎表明他的社会地位不高，游离在宫廷和文人雅士的圈子之外。曾经收藏这一罗汉系列画作的水昌山和万寿寺的位置暂时无法确定，因为许多寺庙都以'万寿'命名，但当今却没有一座叫'水昌'的山。不过，值得注意的是，872年在宁波府创建的万寿寺，在这位画家所在的年代，甚至更后期都十分繁荣。"

这套《十六罗汉图》画作确实是我们收藏的最重要的宋代佛教画作之一。这些画作在艺术水平上明显优于大多数《五百罗汉图》系列的作品（其中十幅藏于波士顿美术博物馆）。但不管是《十六罗汉图》还是《五百罗汉图》，它们都将佛教教义描绘成了图画。它的意义并不仅仅是外在的描绘，它们还承载着一种精神上的意义，这种精神难以定义，但给人以十分深刻的印象。这种精神在最优秀的几幅作品中被展现得淋漓尽致。（例如画作56，第十四罗汉）。

总的来说，这些画作出色的表现力以及上乘的质量，更多是因为其巧妙的构图（我指的是色彩和线条），而不是任何个人精湛的技法或用笔技巧。这一系列有很多幅作品，可以说每幅都画得很好，甚至好得出人意料。对于优秀的作品而言，绘画真正成了精神传达的载体，而色彩则更凸显了画面的魅力，同时大大增强了作品的装饰效果。

另外，这位大师还创作了另一个系列

《十六罗汉图》系列,第九罗汉

的《十六罗汉图》，这套作品属于相国寺（Shôkoku-ji）所有，现藏于京都博物馆。其中一幅的落款是："庆元府，车桥，陆信忠。"《国华》杂志2011年8月1日第255期转载了这幅绘画。滝先生在随附的文章中指出，庆元府是宁波的古称，"该地曾是从中国前往日本或从日本前往中国的必经之地。这就解释了为什么这位大师的优秀作品被引入了我国。然而，在南宋末年，该地被称为'庆元府'，而到了元朝，它被改称为'庆元楼'。由于使用时间较长，这一旧名可能一直沿用到元初。因此，我们可以推断这位画家生活在宋末或元初"。

几年前，我在京都审查这些画作时注意到："这幅画相比于波士顿所藏陆信忠的《十六罗汉图》稍大一些，人物更多一些，内容也更丰富一些。此时的山水画已经得到了相当的发展，从而也扮演了相当重要的角色。这些作品保存较好，色调更为鲜艳，装饰效果也更为突出。但我并不认为它们的艺术价值高于波士顿的作品。在我看来，后者更自由、更成熟，构图也更完美。可以说，它们是京都系列作品的改良版（假设这是更早期的作品）。"

画作 65,《莲花莲叶图》（波士顿美术博物馆收藏）

宋代或之后，作者不详，徐熙（五代时期）风格作品。

设色，绢本，挂轴。尺寸：0.93 米 × 0.50 米。

留有一处签名痕迹，一枚小印章。

罗吉："据说这幅画符合北宋时期（10 世纪末）徐熙的创作风格，但这幅画的年代显然更晚，可能是明代作品。"

这幅画作相当优美，但由于四周被剪裁，画面受到了破坏，后加的淡绿色的叶脉更是扰乱了其效果。现在它显得有些呆板，但原本效果可能更好。

《莲花莲叶图》

画作 66，《西戎归乐图》（华盛顿弗利尔美术馆收藏）

宋代或以后，乔仲常（12 世纪）作品。
旅行者：有些步行，有些骑驴和水牛。

设彩，绢本画轴，受损。尺寸：0.21 米 × 0.82 米。

画卷有三方印章和一方联络印。右侧有标签、题词和两方印章。左侧有两段文字和四方印章。

罗吉："构图有趣，绘制精致。似乎是原创，但我不熟悉乔仲常的风格，据说他受到了李公麟的影响。这也可能是早期作品的摹本。"

这是一件相当美丽的作品，线条精致，色彩淡雅。很难判断这是一件原作；无论如何，它都是一幅忠实于宋代绘画的摹本。作品采用了旧式绢本，水墨也非常古旧，但这幅画清洗后便有了严重缺失。在弗利尔的收藏中，还有同一主题的后期版本。

画作注解 111

《西戎归乐图》

画作67，《长江万里图》（华盛顿弗利尔美术馆收藏）

宋代（存疑），作者不详，旧传为巨然（五代时期的僧人画家）作品。

水墨画，绢本画轴。尺寸：0.43米×16.56米。

作者在画卷上用红色标注了地名，有十五方印章。卷轴上有两段文字和十二方印章、一张标签。

曾被端方先生收藏，于1911年5月刊登在《国华》杂志上。附带刊登此画的文章中，滝先生特别指出："采用所谓的'小斧劈皴'画法展现山脉，这种画法有如刀砍斧劈，非常适合表现石灰岩山脉……笔触既苍劲有力，又精准细腻，水墨微妙的层次完美

《长江万里图》

地呈现了景色的明暗变化。因此,在画卷末尾写下如此多的赞美之词也就不足为奇了。关于作者到底是谁,很难确定,因为既不能根据落款,也不能根据印章来确定是巨然所作……无论如何,这幅画作都不会晚于南宋。"

罗吉:"这是一件意义非凡的作品。我倾向于认为它是明代,或者可能是宋晚期的一幅佳作。"

这幅画更像是一幅全景图,而不是诗意的风景画,由于其画幅巨大,所以不可避免有些单调的意味。这是一位经验丰富的画家的作品,但他的目光只停留在主题的外在方面,没有任何情感的抒发。

画作 68，《玉兰栖禽图》（波士顿美术博物馆收藏）

宋代（存疑），旧传为宋徽宗作品。

水墨画，颜色鲜艳。绢本，团扇。宽 23 厘米。

无印章，无落款。

罗吉："这位画家技艺相当娴熟。可能是更晚时期的作品。我不知道为何把它归于宋徽宗所作。"

这幅小画很有韵味，可能是宋代的作品；但除了其略带宋代画院的绘画风格之外，没有什么能证明它是宋徽宗的作品。这幅画作笔触精准细腻，意境深远，形象地描绘了枯叶和类似于茉莉的白色花朵。画面严重泛黑。绢布是宋代的织物，但我不敢确定绘画的确切年代。

《玉兰栖禽图》

画作 69,《竹林幽居图》(波士顿美术博物馆收藏)

宋代,李玮作品(创作于约 1020—1060 年)。

竹园,亭台楼阁和人物。

墨画,设淡彩。绢本,挂轴。尺寸:0.75 米 × 0.50 米。

画卷有落款和多方印章。

冈仓天心:"李玮是宋仁宗的女婿。这幅画曾出现在宋徽宗的名录当中,上面还有宋高宗的印章。"

这是一幅精致的画作,创作手法带有一些画院风格,作者应该属于宋代,技法相当娴熟。这幅作品的构图深远,又有田园诗般的感觉;但由于绢本变黑,水墨的微妙层次已经不太明显,因此整体效果变得有些单调。

《竹林幽居图》

画作 70,《松涧双鹤图》(波士顿美术博物馆收藏)

宋代,作者为刘松年(约 1190—1230 年)。

山水画:左侧有一块岩石,后面是一棵松树。在树枝下,立着两只仙鹤。

墨画,设淡彩。绢本,团扇。宽 0.23 米。

无落款,有两方印章。

这幅作品的构图并不像马派的一些山水画那样随性自由、苍劲有力;但它充满了富有表现力的细节。悬崖峭壁上斜插着盘虬交错的树干,树枝弯曲盘踞在水面上方,松树的长势和形态都非常清晰;细微的水墨变化彰显了画面的深远幽静。

《松涧双鹤图》

画作 71，《僧院访友图》（波士顿美术博物馆收藏）

宋代，作者为马逵（约 1190—1220 年），马远之弟作品。

山水画：左侧为一座寺庙，右侧为一片水域，远处有山脉。墨画，设淡彩。绢本，团扇。宽 0.24 米。三方印章，无落款。

这是一幅马派风格的优秀画作，墨色浓厚，笔力遒劲，格外引人注目。我不知道为什么要把这幅图认为是马逵所作，但它很可能是他本人或他的亲近之人的作品。

《僧院访友图》

画作 72,《晚霭行旅图》(波士顿美术博物馆收藏)

宋代,作者为马麟(创作于约 1220 年),马远之子。

山水画:左侧为巨大的树木,右侧近水域;远处有山丘和一座寺庙。

墨画,设淡彩。绢本,团扇。宽 0.23 米。

这幅画在同类作品中是不错的,但它不像马远的小景观画作那样充满灵气。在这幅画中,笔触更为写实。尽管山谷中弥漫着层层雾气,有些树木也笼罩在了浓雾当中,但画面的描绘却不够细腻精妙。

《晚霭行旅图》

画作 73，《秋江归帆图》（波士顿美术博物馆收藏）

宋代，作者为李唐（1066—1150 年）。
风景画：一艘帆船在湖上行驶。

墨画，设淡彩。绢本，团扇。宽 0.24 米。

罗吉："在我看来没有理由把它认为是李唐所作。这幅作品在同类作品中是不错的，但它没有李唐笔法的生动，而且创作时间晚于李唐。"

很难把这幅作品与李唐的《春社醉归图》（画作 19）都归为同一人所作。虽然这幅画可能是宋代的作品，但明显逊色于李唐的作品。传统题材——一叶扁舟驶入雾气弥漫的湖中，湖边岩石上的几棵树被风吹弯了腰——以柔和、低沉的色调表现得极富诗情画意。

《秋江归帆图》

画作 74，《双鲤图》（波士顿美术博物馆收藏）

宋代，作者不详。

两条鲤鱼在浪花中跳跃。

水墨画。绢本，挂轴。尺寸：2.02 米 × 1.99 米。

无落款。有一方印章：宜亲王之宝（可能是满族人）。

这幅绘画的主题源自一则中国故事，讲述了一条鲤鱼在三月初三越过黄河的龙门险滩，化身为龙的故事。

罗吉："如果这是一件宋代的作品，那么它很可能晚于 13 世纪。明代初期也有过类似主题的创作，其中也不乏佳作。与其不同的是，这幅作品的创作风格更为自由，构图也更为宏大。"

这是一件雄伟的作品，规模宏大。画笔坚定有力，不失为一位大师的作品。墨色已经深深渗入绢本，彰显了岁月的痕迹。我倾向于认为这幅画作是宋代末期的真迹。

《双鲤图》

画作 75，《孔子见荣启期图》（波士顿美术博物馆收藏）

宋代，旧传为马远（1190—1235 年）所作。山水人物图：右侧，一位琴师坐在一棵参天大树下，三名男子恭敬地向他走来；在左侧的背景处还有其他人，一辆马车被一块山石遮住了一半。

水墨，设淡彩，经重修后贴有四方印章。绢本，团扇。高约 0.25 米。

罗吉："（或多或少）属于马远的风格，但并非其亲自所作。"

这是一幅漂亮的小型画作，符合马远的风格。树木上方的背景以及左侧的大部分画面，都是后世添加的，而彩色部分则是真迹。

《孔子见荣启期图》

画作 76，《观潮图》（波士顿美术博物馆收藏）

宋代，作者为许道宁（宋代）。

亭下，一名男子注视着长江口的潮水。

墨画，设淡彩。绢本，团扇。尺寸：0.24 米 ×0.25 米。

画卷有落款，两枚收藏者的印章。

罗吉："落款：道宁，是许道宁的名，长安人。他似乎生活在北宋末年，我们关于他的事迹几乎一无所知。落款位于右侧边缘，部分已经被修剪掉了。"

这幅作品的主题特别有趣，采用了北派的风格。画面通过横贯画面长长的波浪，巧妙地表现了潮涌的意境。前景的大松树与横向的广阔水面形成了鲜明的对比。笔触坚定，墨色浓郁。

《观潮图》

画作 77，《峭壁松泉图》（波士顿美术博物馆收藏）

宋代或以后，作者为董源（10 世纪末）。

水墨，绢本，团扇。宽 0.23 米。

罗吉："这是一幅极佳的作品，但我认为它可能不是董源的作品，年代也没有这么久远；也许是宋代后期的产物。"

这幅作品构图宏伟，应该用一张更大的画布。激流从悬崖中涌出，强劲有力的曲线极富动感；峭壁两侧涌起的漩涡以及一旁曲折松枝，更是凸显了这些线条的力度。

《峭壁松泉图》

画作78,《罗汉渡海图》(华盛顿弗利尔美术馆收藏)

宋代,作者为梵隆禅师。

风景画:描绘了罗汉们在森林和溪流中前进。

水墨画,纸本卷轴。尺寸:8.33米 × 0.38米。

有十七方印章。卷轴上有一则题词、两方印章和一张标签。

罗吉:"风格冗杂,有些奇怪。这幅作品在很多方面都是套用的,但并没有临摹的痕迹。可能是梵隆的作品,但我认为它的年代并非如此久远。"

这幅极长的画卷非常独特,奇思妙想、生动活泼,有些地方气势磅礴,充满有趣的细节。作者对于画面中山石、树木等元素的描绘都非常巧妙,符合宋朝末期流行的风格。然而,画面中人物则相对较小,甚至有些生硬,但他们看起来都形态各异,具有很强的韵律感。在我看来,这是一个非常有才华的业余爱好者的作品,而不是专业画家的创作。

《罗汉渡海图》

画作 79，《卢眉娘像》（华盛顿弗利尔美术馆收藏）

宋代或以后，作者为何充。

白衣女子的全身像。

水墨，设彩。绢本，卷轴。尺寸：1.16米 × 0.42米。

背面有一张标签，上面注明由何充创作，但这位画家并不为人熟知。

罗吉："这极有可能是早期画作的摹本，技法娴熟，充满灵气。对于画家的判定可能准确无误，但我对这位艺术家并不了解。"

这幅画的特殊之处在于，以如此大的尺寸来描绘世俗主题的人物形象，实属罕见。这幅画的构图比创作更为出色，但线条缺乏韵律感和力度。如果说这是一幅技艺精湛的摹本，那么它的年代则很难确定。它可能是宋末所作，但更有可能是明初所作。

《卢眉娘像》

画作 80，《三官图》系列（波士顿美术博物馆收藏）

宋代，旧传为吴道子（唐代）所作。
描绘道教三官的画作：《三官图：天官》《三官图：地官》《三官图：水官》。

水墨，设淡彩，带有一些金箔痕迹。绢本，挂轴。尺寸：1.25 米 × 0.56 米。

冈仓天心："据说，这三幅作品自乾隆时代以来就属于皇家收藏，旧传为吴道子所作；但实际上可能是宋末的作品。"

这三幅作品构图十分有趣，整幅作品充满力度，动感十足。它们可能适合被放大，而且可能受到吴道子壁画作品的启发。但是，这些画的笔法与构图并不匹配；笔法略显生硬，更多的是强调线条的纯装饰性，而不是线条的生命力、动感和韵律。由于不是原作，这些画的年代很难确定；但我认为它们可能是南宋末期或元代初期的作品。

《三官图：天官》

《三官图：地官》

画作注解　129

《三官图：水官》

《猴侍水星神图》

画作 81,《猴侍水星神图》(波士顿美术博物馆收藏)

宋代,张思恭风格作品。

一位菩萨手持纸笔,一只猴子递给他砚台。

水墨,设彩,局部润色。绢本,挂轴。尺寸:1.21 米 ×0.56 米。

冈仓天心:"这是一件非常精美的作品,但有很多修复痕迹,有张思恭(13 世纪)的风格。在脸部和头发部分有过改动。中国文献中没有记录过张思恭的任何信息,因此很难确定他的时代。他很可能是辽代或金代的艺术家。当时南宋政权占据中国南方,而辽和金统治了中国北方。"

"在我看来,似乎并没有证据证明它是宋代所作。这幅作品的构图很好,线条生动,但笔法缺乏力度,也并不出众。不过,绢本的面料相当细腻,可能是宋代的作品。也许这是一位宋代二流艺术家的作品。"

画作 82,《渔隐图》(华盛顿弗利尔美术馆收藏)

宋代,作者为龚开(1222—1307 年)。
一名男子睡在岸边的船上。

水墨画。画作受到了严重的损坏和修复,纸本,挂轴。尺寸:1.04 米 ×0.55 米。

有落款,十二方印章,背面有标签。

罗吉:"这幅画很有趣……但现存的部分很少。很可能是龚开同时代的作品,甚至可能是他的亲笔,尽管落款似乎是后来添加的。"

这幅画情感充沛,可以感受到是出自一位真正的艺术家。创作时间是宋末还是宋末以后,这一点无从考证。在我看来,这应该是宋末的原作,稍有修复痕迹。

《渔隐图》

画作83,《寒壑双鹰图》(华盛顿弗利尔美术馆收藏)

宋代(存疑),旧传为郭乾祐(五代时期)作品。瀑布、一棵树和两只鹰。

水墨,设淡彩。严重破损。绢本,挂轴。尺寸:2.00米×1.56米。

九方印章,背面有一处标签。

罗吉:"从很多方面来看,这件作品笔触苍劲有力,也很有趣;但也有一些缺点,存在一些笨拙之处。可能是宋晚期的作品。"

曾经这样一件杰作,现在几乎面目全非,四周有很多修复和裁剪的痕迹。这幅画作笔法宏大,情感激昂,给人留下了深刻的印象,作者显然是一位技艺高超的大师。他可能生活在明朝,但其风格却属于另一个时代。

纽约的约翰·邦德·特雷弗先生收藏了一幅类似的画作,描绘了瀑布上方立在松枝上的两只仙鹤。

《寒壑双鹰图》

画作 84，《十王图》系列（波士顿美术博物馆收藏）

宋代，陆信忠（1300 年左右）作品。《十王图》系列绘画中的四幅：1.《五道转轮王图》，描绘一位阎王让人托着经书；2.《变成王图》，描绘一位阎王正在写判决书；3.《都市王国》，描绘小鬼将一名罪犯带到阎王面前；4.《秦广王图》，描绘一个人出现在阎王面前，面对着动物的鬼魂。

彩绘。绢本，挂轴。尺寸：1.07 米 × 0.47 米。

这些画作生动有趣，生动地展示了在佛教信仰中，在人死后对其进行的审判。画卷上的鲜艳色彩进一步了提升画作非凡的喜剧表现力，作者运用了明亮的红色、深绿色、蓝色、棕色、紫色和白色，没有采用任何清淡的色系。

尽管这些画作破旧不堪，还有修补痕迹；但它们依然具有很强的装饰效果，而且还用一种有趣的方式展示了宗教信仰的历史。在京都大德寺的绘画中，也可以找到类似的阎王图像，基本都是出自同一画家之手。

《十王图》系列之《五道转轮王图》

《十王图》系列之《变成王图》

《十王图》系列之《都市王图》

画作注解 137

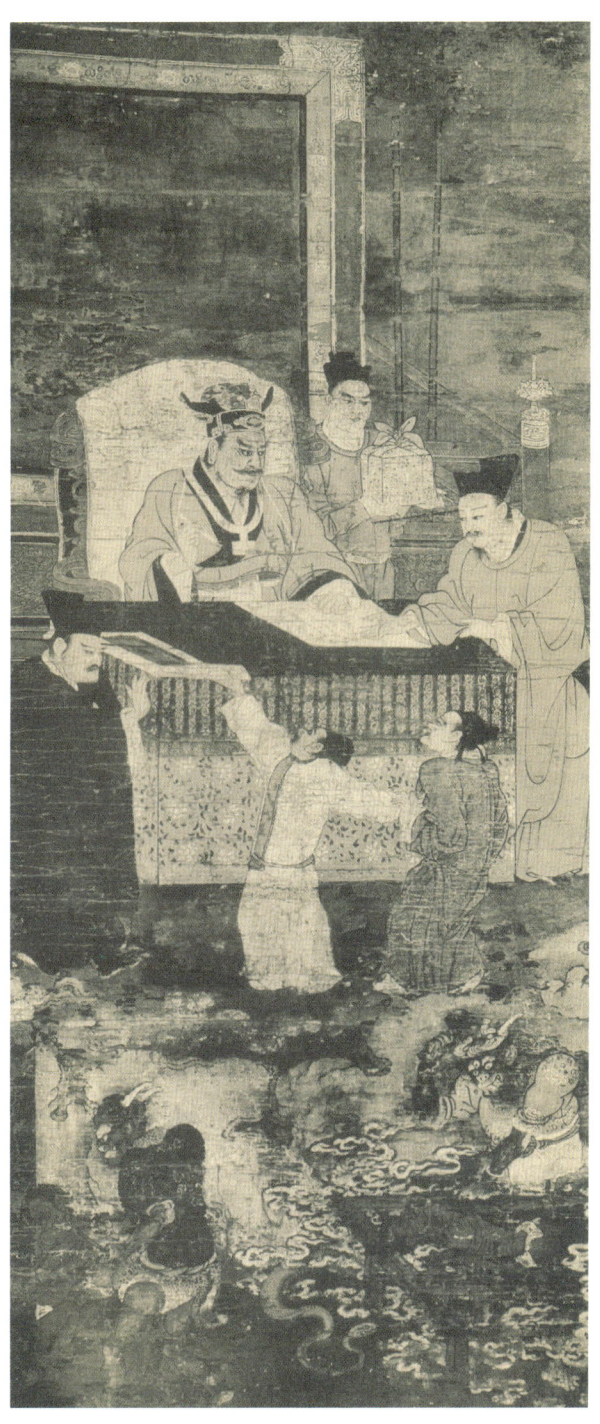

《十王图》系列之《秦广王图》

画作 85,《溪山独钓图》(华盛顿弗利尔美术馆收藏)

宋代(存疑),作者为范宽(950—1032 年)。
山水画:山谷中的开阔视野。

水墨画。绢本,挂轴。尺寸:0.32 米 × 0.86 米。

画卷上有题字和四方印章,画卷的边框上有三段文字和十二方印章。

罗吉:"这幅作品在同类型中具有重要意义。尽管归为范宽所作似乎存疑,但它似乎是一位一流画家的原创作品。尽管与现存明代同类优秀作品有相似之处,但此作可能出自宋朝末期。"

画中山脉和树木的结构非常出色,整体用笔坚实,墨色浓郁,不过在我看来可能略显沉重。尽管这幅画作可圈可点,但我不禁觉得它稍显粗糙和沉重,不符合宋代大师的风格。

画作注解　　139

《溪山独钓图》

画作 86,《冬季景观图》(大都会博物馆收藏)

宋代或以后,作者不详。

左边是岩石和树木,右边是一片水域,背景是白雪覆盖的山脉。

水墨。团扇,绢本。宽 0.25 米。

这幅画旧传为仇英(6 世纪)的作品,但它让我们想起波士顿美术博物馆收藏的范宽的一幅小团扇作品(画作 8)。这幅非常精美的作品无疑属于宋代,所用的绢本看起来年代似乎也很久远;但我们并不确定其创作可以追溯到如此久远的年代。画作略显乏力和拘谨。它可能是巧妙的摹本,或者是宋代二流画家的作品。

《冬季景观图》

画作 87,《白菜图》(华盛顿弗利尔美术馆收藏)

元代,作者不详。

水墨画。有修改痕迹。纸本,挂轴。尺寸:1.28 米 × 0.60 米。

罗吉:"非常有趣,但它能追溯到那么久远的年代吗?可能是宋末元初的作品。"

这幅画很特别,其银色的色调非常漂亮,水墨层次丰富,深浅有别。作者是一位出色的画家,我不明白为什么他不可能是元代以前的画家。

《白菜图》

画作 88，《消夏图》（华盛顿弗利尔美术馆收藏）

宋代（存疑），作者不详，旧传为宋代作品。画面描绘的是一位自在的诗人。

彩色。绢本，挂轴。尺寸：0.52 米 × 0.34 米。

右侧边框上有一处题词、三枚邮印章，左侧边框上有一段文字和两方印章。

罗吉："这可能是一幅宋代作品；画作趣味盎然。"

这是一幅难得的佳作，尤其是人物画得很好，有艺术家的感觉；配饰的处理方式比较粗略，似乎出自临摹者之手。这真的是宋朝的原作吗？我并不太确信。

《消夏图》

画作 89,《雪阁临江图》(波士顿美术博物馆收藏)

宋代,作者不详,马远(1190—1235年)风格作品。

冬季景观:河边的亭子,前景是高大的树木。

水墨,设淡彩。绢本,挂轴,画卷泛黑。尺寸:0.91 米 ×0.54 米。

无落款。四枚收藏者印章。

罗吉:"王致诚、陈卓民等人认为此作是马远的真迹;但作者是谁仍然无法确定。不过,这与马远的风格有所类似。与马远优秀的作品相比,我们还是能够找出一些截然不同的画法。以此来看,左侧的树木总体上显得有些沉重,缺乏气势,树根及低矮树枝的表现手法似乎相当传统。另一方面,这幅柿树图的其他部分则展现了真正的灵感。"

这幅作品构图十分诗意,具有北方山水画的风格,只是个别点睛之笔并不十分突出。这幅画类似马远的作品风格。与马远最好的小幅画作(画作29和画作30)相比,这幅画显得尤为厚重,笔触也缺乏力度。可能是由于清洗和疏于保养,这幅画已经失去了一些昔日的品质。

《雪阁临江图》

画作 90,《松下求贤图》(华盛顿弗利尔美术馆收藏)

宋代(存疑),作者不详,旧传为夏圭(约1180—1230年)作品。

一幅河景图,画面上有两名男子,其中一人是垂钓者,站在松树下的河岸上。传说:周文王与姜子牙相会。

水墨,淡设色。绢本,挂轴,保存状态不佳。尺寸:1.71米×1.51米。

画卷有一方印章,背面有标签,作者为夏圭。

罗吉:"可能是宋代绘画,甚至是夏圭的亲笔作品;在我看来,作者的判定比年代的判断更为可疑。"

画作呈现了典型的北宋风格,但其创作并非出自大师之手。用笔不够果断,墨色缺乏力度和深度。我认为,这是明初的作品,而不是宋代山水的原作。

画作注解 145

《松下求贤图》

画作91,《百牛图》(大都会博物馆收藏)

宋代或元代,作者为江参(活跃于1200年左右)。水牛悠闲地在河谷中吃草。

水墨画。纸本,挂轴。尺寸:2.22米 × 0.32米。

画框左侧贴有三幅卷轴的说明,最后一幅出自宗哲(Tsong Tcheou)之手,创作于1495年。

这是一幅非常精美的水墨画,采用的是宋末及元代流行的轻盈柔美的画法。江面上水气弥漫,画家用两三层水墨就巧妙地渲染出了江面的和谐气氛。无论是悠闲吃草和嬉戏的水牛,还是岸边的树木和芦苇,大师优雅而娴熟的笔法在这些画面中表现得淋漓尽致。整幅画作充满生机,每一笔都十分具有表现力。

画作注解　147

《百牛图》

画作 92,《晚霭图》(大都会博物馆收藏)

明代,作者为文同(11 世纪)。
山谷之秋。

　　水墨,设淡彩,绢本,卷轴。尺寸:0.56 米 ×2.56 米。

　　画卷磨损严重,局部有褪色。左侧附有大段题文,落款"黄庭坚书"。

　　这幅作品价值非凡,画家个性鲜明、技艺精湛。画中很好地表现了朦胧的秋日氛围,通过色调的变化展示了纵深感和透视效果。水墨的表现力给整个画面增色不少。然而,这幅画的风格更像是 14 或 15 世纪的山水画,而这幅画的面料非常精美,显然出产于更早期的时期。

画作注解 149

《晚霭图》

画作 93,《雪江图》(波士顿美术博物馆收藏)

元代,作者不详,旧传为班惟志所作。水波月色。

水墨,设淡彩。绢本,册页。尺寸:0.25 米 × 0.24 米。

这幅作品属于元代风格,有一定的价值,画作风格与宋代大师的作品相比略显生硬。这幅画的透视效果较差,然而,作者却将山峦描绘得连绵起伏、错落有致,形态各异,笔法巧妙。与最为出色的宋代山水画相比,这幅优秀的小画可能会显得略逊一筹。

《雪江图》

画作94，《姨母育佛图卷》（波士顿美术博物馆收藏）

元代，作者为王振鹏（1312—1320年）。

佛教主题绘画：摩诃波阇波提怀抱一名婴童。

"白描"风格的水墨画。在画卷的树干上有王振鹏的落款。绢本，挂轴。尺寸：0.32米×0.94米。

画卷上附有至少五份题跋。第一份题跋摘自《般若波罗蜜多心经》，日期为1589年；第二份题跋是16世纪末邢侗（Hing T'ong）之手笔，认为此画是李公麟所作；第三份手稿由钱维乔（Tsien Wei-k'iao）撰写，日期为1759年；第四份题跋由钱大昕（Tsien Ta-hin）撰写，指出了画家的小字落款；第五份题跋列出了在完颜景贤先生家中看到此作品的人的名单。

在这幅画中，比起它的艺术手法，我更加关注它的主题。这幅画的笔法有些生涩，线条如同雕刻一般生硬，但富有生命力、节奏感和表现力。画作可能源自唐代的某件作品，但以元代独特的风格进行了重新创作。

《姨母育佛图卷》

画作 95,《猎犬图》(波士顿美术博物馆收藏)

元代,作者不详,旧传为毛益所作。

水墨画,绢本,挂轴。尺寸:0.28 米 × 0.27 米。

冈仓天心:"这是一幅元代优秀画家的作品。正信(Yasunobu)和阳北(Yôboku)两人的鉴定书认为是宋代画家毛益的作品,这位画家尤善动物。这幅画是南宋风格,笔法确如毛益本人或其父毛松所作。但从技法和面料来看,这幅画是元代作品,非常重要的作品。"

这幅画的主题并不特别突出,但画家非常细腻地刻画了狗的动态,短毛毛皮也渲染得非常完美。这幅画有一种不可言明的氛围感和亲切感,堪称宋末的大师之作。

《猎犬图》

画作 96,《刘海蟾蜍图》（华盛顿弗利尔美术馆收藏）

宋代或以后，作者不详，旧传为吴道子（唐代）所作。

水墨，淡设彩。绢本，挂轴。尺寸：1.02 米 ×0.58 米。

画上署名为吴道子（唐代），并有四方印章和一张标签。

罗吉："作品尚可，但表现力稍弱。对于画作的准确归属存在争议，但有可能是宋末的作品。"

这幅画作一般，但有独创性，创作年代相当久远。画家用笔洒脱，墨色经过岁月的沉淀而愈显成熟。我认为它可能早于明代，甚至可能是元代的作品。

《刘海蟾蜍图》

《鸟窠禅师图》

画作97,《鸟窠禅师图》(波士顿美术博物馆收藏)

元代,作者为颜辉(13世纪末14世纪初)。禅宗高僧妙可大师打坐。

水墨,淡设彩。绢本,挂轴。尺寸:0.80米×0.38米。

冈仓天心:"元代作品,可能出自颜辉之手;非常珍贵。"

虽然这幅作品的画面已经严重发黑,保存状况相当糟糕,但极具特色。它是类似于禅宗寺院的作品,风格豪迈,用笔坚实。淡雅的墨色、鲜艳的色彩深深地印入了略显松弛的布料中,使人物几乎呈现出幽灵般的气息。然而,由于其有力的笔法以及生动的肖像特征,这幅作品仍然有着强烈的艺术表现力。

画作注解 155

画作98，《水畔鸳鸯图》（华盛顿弗利尔美术馆收藏）

宋代（存疑），作者不详，旧传为徐熙（五代时期）所作。

花丛下的鸳鸯。

设色，严重破损。绢本，挂轴。尺寸：1.82米×0.76米。

有徐熙的落款和三方印章。背面有标签和印章。

罗吉："构图有趣，几乎处处都流露了作者的情感，细腻精致，很可能是宋人的作品，也有可能是黄居寀所作。倘若如此，那这幅作品则是一幅精美的明代画作。"

不幸的是，这幅画作受损，上半部分尤为严重，很难再欣赏到它原来的品貌。这幅画不会是第一流的杰作，但比我见过的大多数鸳鸯图都要好。这幅画中的鸳鸯非常精致，这也证明了它是宋代作品。

《水畔鸳鸯图》

《墨竹图》

画作 99,《墨竹图》(波士顿美术博物馆收藏)

元代,作者为吴镇(1280—1354 年),"元四家"之一。

水墨画。纸本,挂轴。尺寸:0.75 米 × 0.54 米。

画卷有题词,有落款,另有两枚画家的印章和五方其他印章。

罗吉:"落款为:梅道人戏写。印章一枚为嘉兴仲圭吴镇书画印,另一枚为梅花道人。"

这幅作品气势磅礴、技艺精湛。运笔之迅疾、轻盈,展现了竹子在风中摇曳的动感。竹叶利落清晰,可以看出画家用笔豪迈,简劲奇拔。作品用墨浓淡有致,不仅勾勒了竹子的风骨,更展现了画面的层次。用笔看似简单,实则深远旷达,令人称奇。另外,"草书"的题词虽然抽象,但本身也是名作,称得上一件艺术佳品,与画面相映成趣。

画作 100,《人马图》(华盛顿弗利尔美术馆收藏)

元代,作者不详,旧传为李公麟(约 1049—1106 年)所作。

一个蒙古人拉着一匹烈马。

水墨画,顶部有修复痕迹。纸本,挂轴,有一方印章。尺寸:0.45 米 × 0.25 米。

罗吉:"有趣的作品,但不是李公麟风格的作品。这可能是元人的作品,但没法确定。这枚几乎被擦掉的印章似乎是赵孟頫的印章——但由于画面上有一匹马,人们则毫不犹豫地将其归为李公麟所作!"

这件作品相当出色,但灰色的墨水和纸张让画面略显沉闷。虽然看不出是出自大师之手,但充满了生命力。这幅画作可能源自早期作品,但画家在此对其进行了诠释,将感情和意向融入其中,而非机械的临摹之作。同一作品集中还有另一个版本的同主题的作品,创作时间更晚,色彩艳丽,尺幅较大。

《人马图》

画作101，《洗象图》（华盛顿弗利尔美术馆收藏）

元代，作者不详，旧传为阎立本（约600—674年）所作。

设色，状况不佳。绫本，挂轴。尺寸：1.24米×0.52米。

有四方印章，背后有标签。

罗吉："从历史的角度看，阎立本的作品应该是唐代的，而这个版本可能是元代的。我不太了解清代以前画家使用绸缎作画的情况。无论如何，这是一幅非常有趣的优秀作品。"

这幅奇特而有趣的画作无论是在总体构图，还是在风格类型上，都应该创作于很早的年代，这肯定会让人联想到传统上被认为是阎立本的其他作品。此外，画面顶部那棵苍劲有力的大树以及波浪褶皱的衣服，都非常符合唐朝风格的传统；但是，如果认为这幅画是唐朝时期的原作，那就太过轻率了，更何况我们还不知道古代是用绢本还是绫本作画。我们只能说，这幅作品反映了整个唐代艺术的一个重要阶段，而且，神奇的是，它不仅仅是一幅死板的摹本，而且是一幅非常生动的艺术作品。这幅作品使用蓝色和朱砂红色，色彩相当高雅，也许对于唐朝而言过于高雅。因此，其创作年代很可能不超过元代。

画作注解　159

《洗象图》

《蕉荫仕女图》

画作102,《蕉荫仕女图》(华盛顿弗利尔美术馆收藏)

元代,作者不详,旧传为周昉(唐代)所作。山石,芭蕉,三位妇人。

设色,状况不佳。绢本,挂轴。尺寸:1.10米×0.50米。

罗吉:"这是这位画家的作品中最有趣的一幅,但我不认为它是原作,也不认为它的年代如此久远。它能早于元代吗?"

尽管已经非常破旧,但这幅画依然很有意思,画面增添了大块新丝绸(例如人物的空隙之间)。三位妇女都是古代装扮,她们穿着唐朝时期的服装,宽松飘逸、华丽绚烂。在画面背景中,山石奇峻、芭蕉簇簇,极具装饰性;然而,综观全局,整幅画作的表现依然较为粗浅,不够精致。无论如何,这幅画显然是唐代以后的作品。

画作 103,《踏雪寻梅图》(华盛顿弗利尔美术馆收藏)

元代,作者不详,旧传为韩滉(唐代)所作。

水墨,设色。画面有污点。绢本,挂轴。尺寸:1.00 米 ×0.42 米。

背面有两张标签、两方印章。

罗吉:"有趣的作品,可能是韩滉所作。但我们此幅摹本不可能早于宋末,甚至可能晚于这一时期。"

这是一幅非常漂亮的画,红袍、黑驴和灰褐色背景的颜色相得益彰。装饰意图似乎过于明显,对于宋代而言可能过于刻意,更符合明代的艺术理念。但此幅画作魅力独特,引人注目,是一位才华横溢的画家的作品。

《踏雪寻梅图》

《树下双骑图》

画作104，《树下双骑图》（波士顿美术博物馆收藏）

元代，赵孟頫（1254—1322年）风格作品。

水墨，设彩。绢本，挂轴。尺寸：1.09米×0.56米。

背面有两张标签、两方印章。

很难给予这幅画应有的评价，因为它传世至今保存状况极差，千疮百孔，有些地方还明显被修补过。这幅原作创作很有特色，可能是元朝时期风格近似赵孟頫的某位大师的原作。

画作105，《墨竹图》（波士顿美术博物馆收藏）

元代，作者为管道昇（1262—1319年），赵孟頫之妻。

墨竹图附题款，题款由画家的兄弟所作，日期为1309年。

水墨画。绢本，挂轴。尺寸：0.28米 × 1.36米。

这幅画面端庄典雅，但缺乏显著的个性和才情，无法与文同所画的竹子相媲美。主要特点在于它有元代的署款，并且确为元代所作。

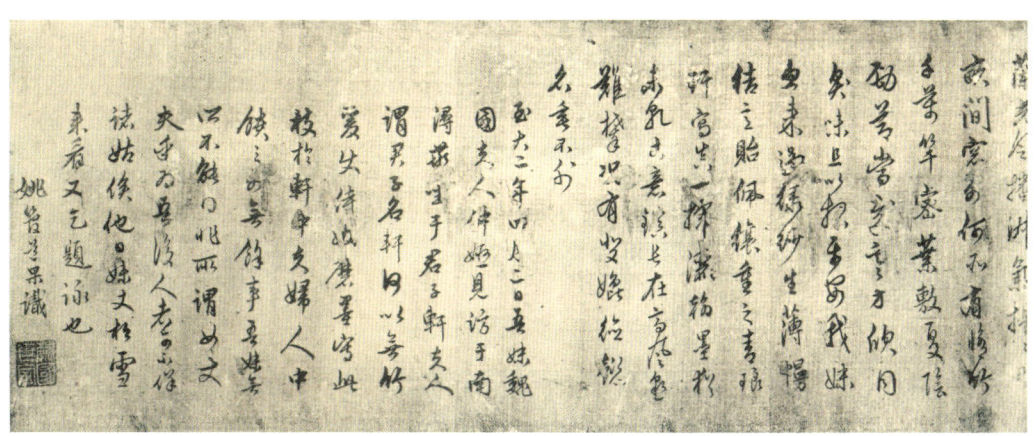

《墨竹图》

画作106,《牧马图》(华盛顿弗利尔美术馆收藏)

元代(存疑),作者不详。

八匹马,有人骑了其中一匹。

水墨,有损坏。纸本,挂轴。尺寸:0.29米×1.17米。

画框左右两侧各有一则题词和两方印章。

罗吉:"元代绘画,非常有趣,品质高乘。然而我没有发现原作的气势。"

在我看来,这是一位艺术家的摹本,是对旧作的自由摹仿,而不是一味地复制。它保留了一定的生命力。据我所知,它比大多数的马类画作都要好,很可能是元代的作品。

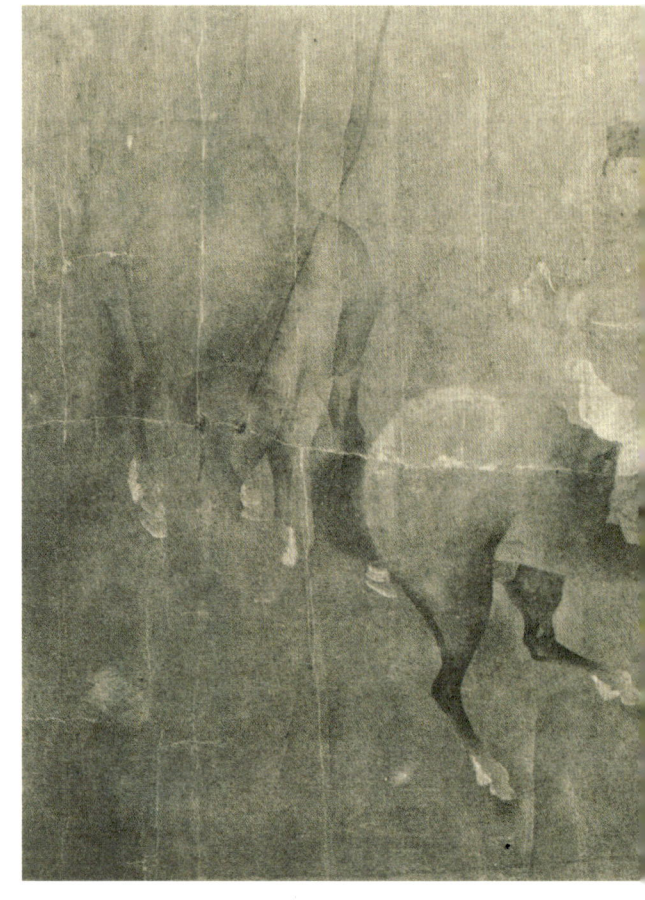

画作注解　165

《牧马图》(局部)

《牧马图》(局部)

画作注解 167

画作107，《花鸟草虫图》（华盛顿弗利尔美术馆收藏）

元代，作者为钱选（约1239—1300年）。
灌木，花朵，鸟，蝴蝶。

设色。绢本，挂轴。尺寸：0.33米 × 2.72米。

有落款和印章。一段题词带有两个印章，以及两个独立的印章在画框上。

罗吉："精致灵巧的画院作品，毫无疑问是一件原作，可能是钱选的手笔。"

这件作品非常好看，色彩鲜艳，花朵和蝴蝶的细节描绘得非常精致，惟妙惟肖，而这些特点是一般摹本无法彰显出来的。这是一件极为巧妙的作品，与徽宗画院的传统风格一脉相承。然而，它是由一位二流艺术家创作的，应该是元朝人士。

画作注解　169

《花鸟草虫图》

《鱼篮观音图》

画作 108,《鱼篮观音图》（波士顿美术博物馆收藏）

元代，作者不详。

在画的上方，一位僧侣创作了一首诗，日期为 1315 年。

水墨，设淡彩，带金箔装饰。绢本，挂轴。尺寸：0.85 米 × 0.36 米。

冈仓天心："元画佳作，标志着佛教风格向明代世俗风格的过渡。"

这幅画线条有力，但缺乏独特性。现在由于画面泛黑，显得有点沉闷。

画作注解　171

画作 109,《山色溪景图》(华盛顿弗利尔美术馆收藏)

明代,作者不详,旧传为江参(活跃于 1200 年左右)所作。

山水画:在山谷中有溪流与亭台。

水墨画,带有淡红色调。画面顶部有损坏,有一个地方似乎被擦去了一个印章。绢本,挂轴。尺寸:1.68 米 ×0.96 米。

罗吉:"有趣的宋代原作,我们现藏的这幅作品可能属于宋末或明代。"

这幅作品非常令人愉悦,应该是某位二流艺术家所作。这幅作品的风格类似于范宽的作品,非常宏伟;但由于缺乏生机和活力,略显沉闷。这应该是一幅摹本,且时期不会超过明代。另外,由于墨水质量较差,所以更进一步证实了这一推断。

《山色溪景图》

《松阁观潮图》

画作110,《松阁观潮图》(华盛顿弗利尔美术馆收藏)

明代,作者不详,旧传为马远(1190—1235年)所作。

山水画:湖边,双松掩映的亭子;远处,山峦延绵。

水墨画,淡设色。绢本,挂轴,挂轴上有一张标签。尺寸:1.90米×0.94米。

罗吉:"有趣的作品,属于马远的画风;毫无疑问是明代的作品。"

这幅画作极具美感,画面纵向延伸,颇具气势;技法娴熟,用笔生动有力,但显然是宋代以后的作品,总体而言,这是一件尚为粗浅的作品,水墨的运用尚不成熟。绢本质量优良,保存完好。

画作111,《捽琴谢知音图》(华盛顿弗利尔美术馆收藏)

明代,作者不详,旧传为刘松年(约1190—1230年)所作。

山水画:拜访山中隐士。

水墨,淡彩,有破损。绢本,挂轴。尺寸:1.18米×0.62米。

有部分印章。背面有一张标签和两方印章。

罗吉:"确实是这位画家的风格,但可能是后代的版本,也许是明代。"

这是一幅令人赞赏的作品,看起来源于宋代,充满诗意的精神。但笔法却不在同一水平上。这应是明人模仿早期古代的作品,绢本、墨色已经明显老化;然而,这是一件摹本,没有作者的鲜明个性,也没有个人风格。

《捽琴谢知音图》

画作112,《松下论道图》(华盛顿弗利尔美术馆收藏)

明代,作者不详,旧传为马远(1190—1235年)所作。

山景:前景是树木和人物。

水墨,设色。现存状况不佳。绢本,挂轴,背面有一张标签。尺寸:1.79米 × 1.09米。

罗吉:"这幅作品大致可以追溯到宋代晚期。我认为它不是马远的作品,而是出自一位比他逊色很多的艺术家。这幅作品并不会特别让人联想到他的风格,而更像是马麟的风格。这是一件相当古老的作品,可能是明初的作品。"

这完全是人们喜欢归于宋代的一类画作。它符合宋代的风格,但其作者是一位三流画家,笔法乏力,显得犹豫不决。他画的树木在叶子和枝条等小细节方面处理得较好,但在整体结构和形态上有所欠缺。想要了解宋明绘画区别的人都应该仔细研究这类作品。

画作注解 175

《松下论道图》

画作113，《山居远景图》（华盛顿弗利尔美术馆收藏）

明代，作者不详，旧传为马远（1190—1235年）所作。

风景画：高山，溪流，参天松树。

水墨，设色。绢本，挂轴，有马远落款。尺寸：0.64米×1.276米。

一方印章。画框上有四则题字和一方印章。

罗吉："一幅非常有趣的作品，很可能

《山居远景图》（局部）

出自马远之手，至少是出自他的门派。我不确定它是否比马远年代稍晚一些，比如作于明初。为了证明它的真实性，我们可以根据它上面的奇特的题字，从文学的角度搭建了一个完整的证据。在这方面，我注意到宾扬先生在对这一卷轴的详尽描述中，将一段最长题词的日期定于 1380 年，即与明朝第一位皇帝洪武帝联系到了一起。但显然 1380 年是明代初期，而画作应该创作于永乐皇帝年间，1414 年则是题词的日期。"[参阅弗利尔所藏的《马远山水图卷》，作者为劳伦斯·宾扬（Laurence Binyon），纽约，1916 年，私人印刷品。]

这幅画的构图确实令人惊叹，宏伟而富有诗意，非常符合这位大师的风格。但是，创作手法却有一些粗糙浅显，并不符合我们所了解的马远真迹。此画装饰效果有点过于强烈，画面过于张扬，掩盖了构思的诗意。之所以留下这样的印象，可能是由于画面缺乏透视，没有纵深感，并且没有色彩的过渡。画面塑造的风景有些平平无奇，没有表达出作者的感情，这些形态有些生硬，不太自然。笔触沉重，如同 16 世纪的绘画。

《山居远景图》(局部)

画作注解 179

《山居远景图》(局部)

《激流图》

画作114,《激流图》(华盛顿弗利尔美术馆收藏)

明代,作者不详,旧传为夏圭(1195—1230年)所作。

高山,溪流,迷雾,山石。

水墨画。绢本,挂轴,严重泛黑。尺寸:1.37米×0.91米。两个落款:马远;夏圭的部分字样。一方印章。

罗吉:"这幅画确实有趣,让人想到夏圭的风格,可能是出自他的亲笔。总的来说,它更像是明代的作品。落款几乎被擦掉了,在左侧空白处,可以看到马远的名字和印章,但他们都不是真正的创作者。"

作品有些意境完全符合宋代的传统,但绘画风格草略且用色明丽,显得过于粗浅,不太可能是宋代画家的风格。这幅画的渲染非常娴熟,很好地描绘了整体氛围。然而,这更像是一幅装饰性的风景画,而不是诗意的表达。

画作 115,《鸬鹚捕鱼图》(华盛顿弗利尔美术馆收藏)

明代,作者不详,旧传为龚开(1222—1307 年)所作。

水墨画,绢本,挂轴。尺寸:1.44 米 × 0.58 米。严重泛黑。

罗吉:"稍显乏力。可能创作于宋末,也可能是更晚时期的作品。"

此画并非大师之作。缺乏笔力,不够决断。构图大气,并非劣品;但有点空洞,边缘似乎被裁剪过。

《鸬鹚捕鱼图》

画作 116,《冬山雪景图》[罗伯特·欧文（Owen F.Roberts）藏品]

元代，作者不详。

冬景图：白雪覆盖群山，树木光秃；远处水域开阔。

水墨画，淡设色，纸轴。尺寸：0.23 米 1/2 × 7 米。

画面上有许多收藏家的印章，其中有一枚据说是元代的。

两件作品同属一幅很长的长卷，是用水墨绘制的原作，人物辅以色彩点缀。笔触坚实而富有表现力，画面柔美。无论这幅画可以追溯到元代，还是（更有可能）明初，它都是一幅充满生命力和韵律的杰作。

画作注解

《冬山雪景图》

《云山溪景图》

画作117,《云山溪景图》(罗伯特·欧文藏品)

元代,作者为盛懋(子昭),14世纪。

崇山复岭,白云缭绕,楼阁掩映于丛树之中。近景溪水环绕,上游有一小船。

水墨画,绢本。

根据顶部的题词,盛懋可能是在乌镇(属浙江省)制作了这幅画,时属至正八年(1348年)。

这幅作品大胆豪放,灰白色调十分和谐,非常引人注目,很可能是盛懋本人亲笔。

画作 118，《秋渡图》（华盛顿弗利尔美术馆收藏）

明代，作者为戴进（15 世纪）。
秋风拂动波涛。河景。树木、山石、船只、人物。

水墨画，纸轴。尺寸：0.30 米 × 11.13 米。带有落款、三段题词和十个印章。

罗吉："这应该是这位艺术家最杰出的作品之一。"

这幅作品技艺精湛、清新灵动。画家急促的笔触似乎被掠过画面的风一同带走了，风吹弯了树木，将小船吹向高高的海浪。画面极致精简，技艺相当突出。这是一件生动的作品，是一个时代的杰作，这个时代美丽的辞藻取代了真正的诗意。

《秋渡图》

画作119,《晨雾中的鹅》(华盛顿弗利尔美术馆收藏)

宋代或以后,作者不详,旧传为崔白(约1040—1070年)所作。

河景图:鸿雁振翅凌空,鹈鸪腾跃。

水墨,设淡彩。绢本,挂轴。尺寸:1.02米×1.64米。

七方印章。背面有题词、标签和两方印章。

罗吉:"很有可能是宋人的作品,但无论如何,这幅画的创作年代似乎不那么久远,总的来说还是相当有趣的。它是山水画家的作品,而不是鸟类画家的作品。我认为不是崔白所作。"

这是一幅精美的画作,实际保存得比照片所显示的更好。这幅画景观的特色是宋代的,但那时似乎没有画鸟的传统。总而言之,这幅作品的创作不可能早于明代。画作主题清晰,绘制细腻,笔法坚定而娴熟。

画作注解 187

《晨雾中的鹅》

《剑阁雪栈图》

画作120,《剑阁雪栈图》(华盛顿弗利尔美术馆收藏)

元代,作者不详,旧传为宋代作品。
山水画:冬季的峡谷,众多旅行者。

水墨,设淡彩。绢本,挂轴。尺寸:1.87米×0.96米。

中文标签:王维。九方印章,背面有四段题词和九方其他印章。

罗吉:"这幅画可能出自宋朝末期。这是一幅相当有趣的作品。我倾向于将其归属于元代,甚至更晚一些。"

这幅宏伟的画作,令人印象深刻,表现却太过平淡粗浅,与宋代的风格不太一致;然而,作品很可能追溯到宋初。这幅画让人联想到李思训的作品:层峦叠嶂,群山连绵。整体色调为冷褐色,与画面所描绘的冬季氛围相符。画布相当粗糙,没有任何古代原作的痕迹。

画作 121，《太宗抵九成宫图》（华盛顿弗利尔美术馆收藏）

明代，作者不详，旧传为李思训（651—716 年）所作。

山中的亭台楼阁；湖泊，小桥，众多人物。

设色，金箔装饰。绢本，挂轴，背面有一枚标签。尺寸：1.30 米 ×0.64 米。

罗吉："非常有趣的构图；技法娴熟，但可能不是太久远的作品。也许出自明代中期，总体上在同类作品中非常出色。"

这位画家才华横溢，采用了微型画的技法，青绿山峦周围环以金边，人物相当微小。然而，这幅画具有一定的装饰性，色彩明丽，山峦间流云飞渡，气势磅礴，似溪流涌动，仿若仙境。的确，此类画作通常被认为是李思训所作，但这幅画或许是受他的作品启发创作的。这幅画作以蓝绿色调为主，辅以金色装饰，据我所知，这无疑是明代最美的作品之一。

《太宗抵九成宫图》

《罗汉图》

画作122，《罗汉图》（华盛顿弗利尔美术馆收藏）

明代，作者不详，旧传为吴道子（13世纪）所作。一位罗汉和一位侍僧。

水墨，设色，画面较为淡薄。绢本，挂轴。尺寸：1.49米×0.76米。

八方印章，背面有标签。

罗吉："明代作品，质量上乘。我认为是明代早期作品。原画可能出自宋代或更早时期。"

画作非常优美。尽管绘画水平不算顶尖，但仍然非常精致。技艺如此精湛的佛教绘画极为罕见。

画作 123,《寒山图》(波士顿美术博物馆收藏)

元代或以后,作者不详,旧传为颜辉(14世纪)所作。

道教中的一位"仙人"。

水墨,设色,绢本,挂轴。尺寸:1.72米 × 0.91米。

罗吉:"归于颜辉所作似乎缺乏根据。这是一幅明代的作品,虽然技法熟练,但有点矫饰之风,而且笔法相对较弱。"

这幅画的绘制手法可以说有些生硬,与一般印象中颜辉的作品并不相似。颜辉的作品很引人注目,富有戏剧性。简而言之,这幅画的意义更多在于表层的绘画技巧,而非纯粹艺术性构思或艺术性特征。树木和云彩的位置恰到好处,彰显了画家的娴熟技艺和笔墨技法,也可以看出画家极具节奏感。

《寒山图》

《佛陀入定图》

画作124,《佛陀入定图》（华盛顿弗利尔美术馆收藏）

元代，作者不详，旧传为唐代作品。
释迦牟尼入行禅定。

水墨，设色。现存状况非常不好。绢本，挂轴。尺寸：1.28米×0.75米。残留两段题词。

罗吉："这是一幅相当粗糙的作品，而且比较常规，创作时间不会早于元代，甚至可能更晚。"

这幅作品过于著名，曾多次作为唐代作品被复制；但实际上它的质量并不高，可能这幅画作是受到过更为早期的优质画作启发。它的画法比较粗浅、执笔简略，没有过人之处，也体现不出大师风范。似乎在元代时期绘制过许多这一类型的画作。

画作 125，《佛陀图》（波士顿美术博物馆收藏）

明代，作者不详。
释迦牟尼称颂前行。

水墨，淡设色，带金饰。绢本，挂轴。尺寸：1 米 ×0.37 米。

冈仓天心："可能是明代作品。日本人进行过润色。这也很可能是一份日本人精心临摹的作品。"

这幅画作非常精美，可以追溯到宋代；然而其绘画水平却不及宋代，很可能是明代或元代作品。

装饰的金箔稍显沉闷，类似于日本镰仓时代的作品；但我认为，我们有更多令人信服的理由将这幅画视为中国作品。

《佛陀图》

《竹枝蜻蜓图》

画作 126，《竹枝蜻蜓图》（波士顿美术博物馆收藏）

明代，作者不详，旧传为钱选（约 1239—1300 年）所作。

彩色，绢本，挂轴。尺寸：0.37 米 × 0.27 米。

冈仓天心："在右上角，我们可以看到印章，几乎难以辨认，但明显与钱选无关。这是明初画院绘画的典范。"

"根据日本画派狩野派（Kano School）画匣上的标签来看，他们把这幅画作归于钱选所作，钱选活跃于宋末元初。这幅画的风格类似于宋末画院的画家所作，如赵昌、钱选等，但此画无疑是明代的作品。"

这幅画主题雅致，甚至有些纤弱，但其表现手法却能突出主体的基本特征。画作绘制细致入微，毫不生硬呆板；我们可以感受到蜻蜓张开的翅膀在扇动，可以看到那些干枯树叶的边缘微微卷曲。

之所以有这种轻盈灵动的感受，从很大程度上来说，应该归功于画作出色的选景、画面的布局，以及那些在枝头上飘动的锋利竹叶。

画作 127，《扁舟江渔图》（华盛顿弗利尔美术馆收藏）

明代，作者不详，旧传为夏圭（约 1180—1230 年）所作。

鸬鹚捕鱼。

水墨画，绢本，挂轴。尺寸：1.51 米 × 0.98 米。

罗吉："相当有趣，但我认为这是明代作品，把它归于夏圭所作毫无根据。"

这幅作品在某些方面相当娴熟，透视感和空间感都表现得很好；但它只是用灵巧的笔触拼凑起来一件华丽的作品，并没有表达出对自然的真正感受。

《扁舟江渔图》

《钟馗捉鬼图》

画作 128,《钟馗捉鬼图》(华盛顿弗利尔美术馆收藏)

元代或以后,作者为刘枋(元代)。

水墨,设色。画卷发黑,现存状况不佳。绢本,挂轴。尺寸:1.02 米 × 0.59 米。

有落款和两方印章。

罗吉:"很可能是原作,而且应该就是画家本人所作,但这位画家并不出名。"

这幅画似乎清洁处理过,但处理不当,画作明显受到了影响。绢本如今已呈现出沉闷的棕褐色,而实际作品相比照片中呈现的状态更为糟糕。在我看来,这是一幅明代的作品。

画作129，《山景图》（华盛顿弗利尔美术馆收藏）

明代，作者为刘贯道（元代）。

山景图：松树下，有三位诗人和一名仆人。

水墨，淡设彩。绢本，挂轴。尺寸：1.84米×0.68米。背面有标签。

罗吉："似乎是宋代一件名作的摹本，可能出自刘贯道之手。"

这是一件画院派作品，没有什么感情，也没有节奏和结构。这幅作品非常接近宋代人物画的风貌，宋代有许多以乡村集会、诗人亲近自然为主题的画作。然而，我们也知道这一类主题的画作有更有趣的描绘方式。

《山景图》

《柳荫试马图》

画作 130,《柳荫试马图》(华盛顿弗利尔美术馆收藏)

明代,作者不详,旧传为赵孟頫(1254—1322年)所作。

树下的三名骑士。

水墨,设色,卷面有污渍。绢本,挂轴。尺寸:1.86米×0.95米。

两方印章,背面有一张标签。

罗吉:"可能是元代或稍晚时期的作品,在同类作品中还算不错,但我不敢说是赵孟頫的作品。"

这是对赵孟頫或其他同类画家的摹仿,技巧娴熟;但比较呆板,更可能是明代而非元代的作品。这幅画作似乎与《山景图》(画作129)属于同一类别。它们都是优秀的摹本,但各自本身并无长处。

画作131，《关羽和周仓》（华盛顿弗利尔美术馆收藏）

元代或明代，作者不详，旧传为赵孟頫（1254—1322年）所作。

水墨，设色。绢本，挂轴。尺寸：0.80米×0.86米。

两处题词，五方印章。背面另有一处题词、两张标签、两方印章。

罗吉："可能是元和明之间的作品，也许是赵孟頫所作，但更可能是一幅摹本。在同类型中算是相当不错的。"

我们之所以对这幅画感兴趣，主要是因为它的主题。这幅画的作法明显是出自后人之手，有点机械，是临摹者的手笔。

《关羽和周仓》

画作132,《牧羊图》(大都会博物馆收藏)

明代,作者不详。

少年与两只山羊。

水墨,设色。绢本,挂轴。尺寸:0.58米×1.18米。

这可能是一幅作品的局部图,可能是一幅大型画作的下半部分。但它本身是完整的,并且具有装饰性。动物的描绘非常细腻,很好地表现出了它们的特征,似乎出自一位明代初期技艺娴熟的画家。

画作注解　201

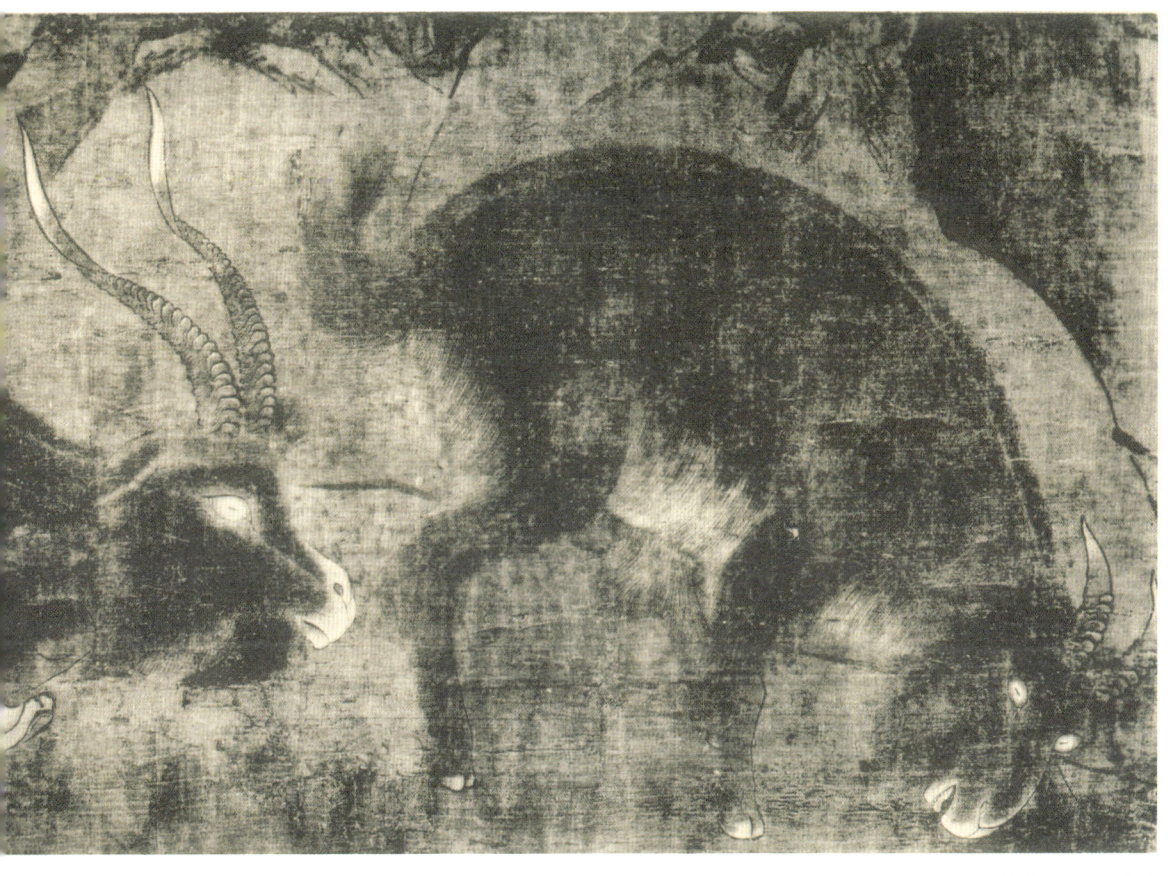

《牧羊图》(局部)

《月夜归庄图》

画作133,《月夜归庄图》(华盛顿弗利尔美术馆收藏)

明代,作者不详,旧传为唐代卢鸿一(浩然)所作。

月色山川,山间小屋和行人。

水墨,淡设色。绢本,挂轴。尺寸:1.55米×1.07米。

七方印章。背面有一处题词、一张标签。

罗吉:"有趣的作品。这幅作品的创作时间可能比通常认为的要晚,可能是17世纪的作品。尽管它的创作灵感来自古代作品,但笔力却相当薄弱。也许我推测的年代有点太晚了。"

整体效果非常不错,但仍有些浮于表面。这是一种世俗绘画,毫无疑问是明代后期的作品,保存得非常完好;浓厚的墨色为画作赋予了丰富的色彩。

画作134，《晨耕图》（波士顿美术博物馆收藏）

明代，作者不详。

江景图，远山连绵。

绢本，挂轴。尺寸：0.30米×0.48米。

冈仓天心："这是明代晚期的作品，是一幅卷轴画的局部图。"

这是一幅精美的小幅山水画，传承了宋代的传统；但画面没有生气，也没有真实的空间感。我想，有时人们可能会认为这是一幅朝鲜画，也不无道理。无论是出自朝鲜还是中国，它都不可能早于16世纪。

《晨耕图》（局部）

《鱼篮观音像》

画作135,《鱼篮观音像》(华盛顿弗利尔美术馆收藏)

明代(存疑),作者不详,旧传为宋人摹唐本而作。

设色,现存状况不佳。绢本,挂轴。尺寸:1.76米×0.73米。

罗吉:"如果我的假设没错的话,按照唐代的绘画史,这幅作品应该是唐代风格的。至于作品本身,我认为不是宋代作品,而是出自明代,甚至是清代。尽管看得出来比较用心,但整体上显得有些粗糙。"

这是一幅神秘的画作,画面上的藤蔓花纹、人物衣褶似乎受过唐代一些范本的启发,但丝毫没有原作的气韵所在,显得沉闷,缺乏表现力。在某些方面,这种技法让我想起了日本镰仓时期的绘画风格。颜色非常厚重,镀金装饰也很粗糙。我很难确定这幅画的创作年代,因为我还不知道中国艺术中是否有类似的作品。无论如何,这幅画的创作年代不会早于明代。

画作 136,《炽盛光佛降临图》(波士顿美术博物馆收藏)

元代,作者不详。
释迦牟尼佛,坐在一辆牛车上,背后是满天星宿。

色彩艳丽。绢本,挂轴。尺寸:1.24米 ×0.55米。

这幅画完全以宗教为主题,格外引人注目。可以说,这幅画的构图全部采用直线,它并不追求产生幻觉:采用的色调是白色、红色和金色。这幅作品远离现实世界,似乎更反映了天体的抽象之美。作品的久远程度毋庸置疑,属于元代或南宋末期。画面磨损,受到了严重损坏,并有清洁处理的痕迹。

《炽盛光佛降临图》

《圆觉经变相图》

画作 137，《圆觉经变相图》（波士顿美术博物馆收藏）

元代，作者不详。

佛陀宣扬法义。中央是释迦牟尼的三尊佛像，周围是菩萨和天神。

设色。绢本，挂轴。尺寸：1.65 米 × 0.85 米。

冈仓天心："这是一幅出色的元代佛教绘画作品，从中可以看出蒙古文化的影响。"

这幅作品庄严肃穆，但笔法平平，较为普通，这是为寺庙大量生产的作品。在红色或绿色的背景上，附有金箔点缀，这些丰富的图案增添了整幅画作的装饰效果，为画作增色不少。从远处观看，这幅画色彩鲜明，所以不必从太近的距离仔细观察。

画作138,《仙女炼丹图》(华盛顿弗利尔美术馆收藏)

明代,作者不详,旧传为徐崇矩(宋代)所作。

水墨,设色。绢本,挂轴。尺寸:0.74米×0.45米。

六方印章,背面有标签。

罗吉:"有趣的作品。然而,从手法来看创作时间似乎并不久远,可能是明代,最多是元代。"

这是一幅非常奇怪的道教画,构图巧妙,富有表现力。一个纤细的女性站在一只滑稽的动物身上,又似乎悬浮在空中。大地仅由前景中的一块岩石标示:她高举的小瓶逸散着烟雾,人们的视线也随之向无限延伸。这幅画的笔法略显生涩粗浅,虽是模仿之作,但保留了原作的一些特色。

《仙女炼丹图》

《松岩竹林图》

画作139，《松岩竹林图》（华盛顿弗利尔美术馆收藏）

明代或以后，作者不详，旧传为吴道子（13世纪）所作。

两株高大的松树，一块山岩，竹林。

水墨画，现存状况不佳。绢本，挂轴。尺寸：1.90米×0.69米。

一处题词，六方印章。

罗吉："有趣的作品，可能源自宋代，但绘制时间较晚。整体表现更像是明代作品而非宋代。"

画面着墨大胆。这幅相当独特的作品不乏引人注目之处；但是，笔法相当粗浅，甚至有些生硬。然而，这确实是出自一位技艺娴熟的画家之手。

画作 140，《风月葡萄图》（华盛顿弗利尔美术馆收藏）

元代（存疑），作者为王良臣（明代）。

水墨画。绢本，挂轴。尺寸：1.88 米 × 0.60 米。

一处题词，两方印章。背后有一张标签。

罗吉："绘制手法轻盈卓越，在同类作品中相当出色。对于这件作品的年代，是元代还是清代，尚难确定，画家的名字对我来说是完全陌生的。"

这件作品构图奇特，信笔挥洒，用笔爽利，实属佳作。长长的藤蔓错落低垂，枝叶纷披，仿佛能听到风儿拂过叶间的沙沙声。在我看来，唯一的不足之处可能在于葡萄的绘制，缺乏一些层次感和透视效果，使人觉得是后世所作。然而，这并不排除此作能够追溯到元代的可能性。

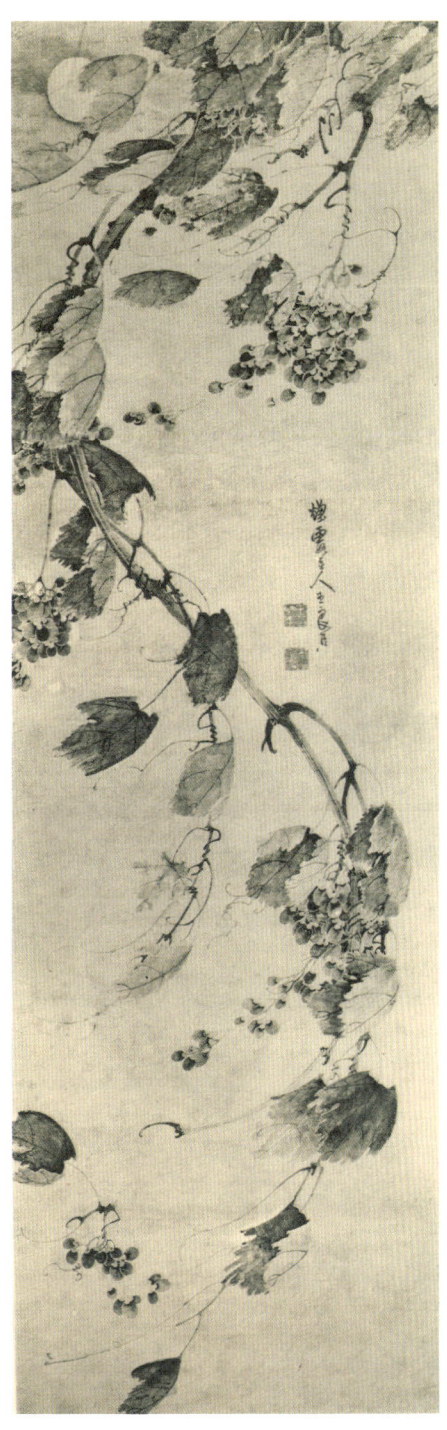

《风月葡萄图》

画作141，《十四夜月图》（波士顿美术博物馆收藏）

明代，作者为沈周（1427—1509年）。

乡村风光：树木、农舍；农夫及其家人凝望秋月。

设色。纸本，挂轴。尺寸：0.30米×1.34米。

有画家的印章，还有十一方其他印章。

沈周，字石田，是著名的画家、诗人。

这幅作品是明代印象派风格的典范之作。用笔灵活自如，墨色和纸张都略带灰色调，与极浅的粉色和蓝色交相辉映，相得益

《十四夜月图》

彰。总体而言，这幅画作绚丽娴熟，但略显浮于表层，缺少灵魂。

《树下冥思图》

画作 142,《树下冥思图》(波士顿美术博物馆收藏)

明代,作者为吴伟(1459—1508 年)。
树下冥思的人物。

水墨,淡设色。无落款,有一方作者的印章。绢本,挂轴。尺寸:1.47 米 × 0.82 米。

罗吉:"艺术家的印章位于画面右上角,颜色较淡,我们猜测印章上方本来是有一处题词的,后来被抹掉了。作者是吴伟。从很多方面来看,这幅画的构图和技巧都令人赞叹,但也许缺少了通常在这位大师的作品中所能见到的生命力。"

这是一幅典型的晚明绘画作品。尽管大面积泼洒的浓墨与身着白衣坐着的人物剪影形成了鲜明的对比,但这幅作品给我们的感受却是相当清冷的。当然,这幅画作肯定受到了古代早期绘画的影响。

画作143,《竹林话客图》（波士顿美术博物馆收藏）

明代，作者为仇英（约1501—1551年）。松树下的三人，右侧是一簇竹林，远处峰峦耸翠。

色彩鲜艳。绢本，挂轴。尺寸：0.74米×0.32米。

有画家的落款和印章。据说，这幅作品的原作是由赵孟頫创作的。

这是一幅精致漂亮的画作，一直以来被认为是仇英的作品。这幅画的构图庞大，与微型画的风格不太相称；但它是一幅杰出的书法作品，这在一定程度上弥补了它的不足。

《竹林话客图》

《江楼远眺图》

画作 144,《江楼远眺图》(波士顿美术博物馆收藏)

明代,作者为仇英(约 1501—1551 年)。湖边亭中有两人,远处是高山。

水墨,淡设色。纸本,挂轴。尺寸:0.87 米 ×0.37 米。

落款为:仇英 实父作。带有一方仇英的印章。

这是一幅有趣的画作,与这位大师以往的作品相比,这幅画非常有气势,而且特别之处在于,这幅画中的水墨比以往发挥了更重要的作用,而色彩则成了次要的点缀。与宋代山水画相比,这幅画确实显得干涩生硬。但与大多数归于仇英的画作相比,这幅画更有氛围感,远景的描绘也更为出色。

画作 145,《相马图》(波士顿美术博物馆收藏)

明代,作者为仇英(约 1501—1551 年)。蒙古士兵站在他的马旁边,手持长矛,背着长弓。

水墨,淡设色。纸本,挂轴。尺寸:1.06 米 ×0.34 米。

落款为:仇英 实父作。带有一方仇英的印章以及很多方其他印章;下方还有两位评论家的评价,一位是王穀祥(Wang Kou-hiang),另一位是刘宝山(Lieou Pao-chan),他们都是明代的评论家和画家。他们说,这幅画的灵感来自赵孟頫的一幅画,而赵孟頫的画又是临摹了一幅唐代的原作。

作为仇英的作品,这幅画让我们感到惊讶的不仅是它唐代的风格,还有它豪迈流畅的笔法,画家采用了柔和的灰色水墨,并以淡淡的粉红色调加以晕染。如果不是因为画家的真迹落款,这幅画很容易被认为是元代的作品。因此,从艺术史的角度来看,它是一件重要的作品,同时也证明了仇英的多才多艺。

《相马图》

画作 146,《弹箜篌图》(波士顿美术博物馆收藏)

明代,作者为仇英(约 1501—1551 年)。亭下有人弹琴,远处山脉延绵。

色彩鲜艳。绢本,挂轴。尺寸:0.91 米 × 0.30 米。

有仇英的落款和印章,边框上有多枚收藏印章。附有明代画家、文学家文彭(Wen P'ong)的题名诗,以及其他一些对于此画的赞美之词。

这是一幅精美的画作,让我们很容易联想到仇英画作的风格特征。这幅画的特点是画工细腻,人物刻画精致、色彩柔和,以蓝色、灰绿色和浅棕色为主,并有一些红色的点缀。

《弹箜篌图》

画作注解 217

画作147,《秋江泛舟图》(波士顿美术博物馆收藏)

明代,作者为朱端(16世纪初期)。
山水画:树下一艘小船,船上有一名男子和一名少年,远处群山连绵。

　　水墨,淡设色。纸本,挂轴。尺寸:1.24米×0.62米。

　　这幅作品是晚明山水画的上乘之作,笔法自由洒脱,但不免有些干涩。水墨与纸张的浅灰色背景形成鲜明对比。色彩的变化未能营造出近景远景的差别,也没有表现出空间的纵深感。虽然有一些淡彩点缀,但相比于一些宋代的单色水墨画,此画的整体效果色彩更为单一。

《秋江泛舟图》

画作148,《斗鸡图》(波士顿美术博物馆收藏)

明代,作者不详。

色彩鲜艳。绢本,挂轴。尺寸:0.26米 × 1.91米。

冈仓天心:"仇英的落款是后添的。"

这是对中国经典娱乐活动的生动描绘,同时也是一件传统的折衷主义风格的好画,颇让人联想到仇英的作品。色彩绚丽、刻画精细,人物形象栩栩如生。这类卷轴画通常被认为是宋代的作品,虽然并不罕见,但很少有具有此卷这样特色的作品。

《斗鸡图》

画作注解 219

《游春图》

画作149,《游春图》(波士顿美术博物馆收藏)

明代,作者为周臣(1450—1535年)。

山水画:左边树下有一亭子,周围山石陡峭,右边水域广阔,尽头有山峦林立。

水墨,设色。绢本,挂轴。尺寸:1.95米×1.07米。落款:东村 周臣,另有两方印章。

这是明代风格山水画的绝佳范例;在明代,画家们对宋代传统进行了全新阐释,往往会将过去的小幅画作扩大到巨大的画幅。此画用笔娴熟,十分具有装饰效果。这幅画保存完好,如果没有画家的落款和印章,人们可能会误认为它是乾隆时期的作品。

画作150,《嵩山图》(波士顿美术博物馆收藏)

明代,作者为蓝瑛(17世纪上半叶)。

水墨,淡设色。绢本,挂轴。尺寸:1.93米×0.97米。

这是明代画家蓝瑛创作的一幅作品,描绘了中国的嵩山。画面中远处有一座亭子和高耸入云的山巅,近处有一个坐着的人物。画卷还有画家在1627年为这幅作品题写的一首诗。

这幅山水画具有很强的视觉冲击力。巨大的山峰腾空而起,山势雄峻,前景的树木如巨龙一般盘旋蜿蜒,遒劲挺立,高若山峦。全图用笔苍劲,但画面中各种形态的表现略显浅浮。画家完全忠于真实的表达,没有添加多余的笔墨;然而,整体效果相当宏伟壮观。

《嵩山图》

《松下赏荷图》

画作151,《松下赏荷图》(波士顿美术博物馆收藏)

明代,作者不详。

山水画:一棵参天松树下,有几个人。

  水墨,淡设色。绢本,挂轴。尺寸:1.77米×0.93米。

  冈仓天心:"这幅作品延续了马远的画风,他的风格一直影响到了明代末期。"

  画面优美,符合马远的一贯风格,但画家的手法略显松散和随意。这可能是根据马远的一幅画作自由临摹而来,而在洗涤、修复(或许还有添色)的过程中失去了一些原作的特色。

画作152,《秋山烟雨图》(波士顿美术博物馆收藏)

明代,作者不详,旧传为许道宁(宋代)所作。湖光山色,云雾缭绕。

水墨,设色。绢本,挂轴。尺寸:0.59米×3.65米。

一处题跋,十方印章,以及画框处有五方印章。另外,还有两处题词搭配了四方印章。

罗吉:"这是一幅有趣又有气势的作品。我认为这可能是明代画家模仿宋代山水画的作品,也许是以许道宁的作品为蓝本。"

整个卷轴展示了高超的绘画技巧,但情感的抒发稍有不足。它的效果有点儿过于气势恢宏,而缺乏诗意,黑色、灰色、暗色和黄色的对比也不够丰富多彩。不过,其精湛的构图和坚实的笔触还是给人留下了深刻的印象。整幅画作缺乏统一感,绢布底色比空中的景观更为抢眼。整体而言,这是明代晚期的一件杰出的绘画作品,是对古代作品的一种延续,其保存状态良好。

《秋山烟雨图》(局部)

《秋山烟雨图》（局部）

《峨眉积雪图》

画作 153,《峨眉积雪图》(华盛顿弗利尔美术馆收藏)

明代,作者不详,旧传为宋代郭熙(约 1001—1090 年)所作。

冬日山水景色:一座山、一条峡谷、一条溪流,以及房屋及人物。

水墨,设色。绢本,挂轴。尺寸:1.81 米 × 1.09 米。

一处题词,七方印章。

罗吉:"这幅画可能是出自宋代,看起来像是临摹了宋代或之前某幅重要作品,技法娴熟,但较为生硬。"

整体画面气势恢宏,但庞大的山石有点儿像塞满了棉花,光秃秃的树枝也缺乏生气。整体创作较为平淡,没有表达深刻的情感。然而,整体色调——一种淡淡的黄灰色——却很好地传达了冬日的寒冷、雪和寒风。这幅画流于表面,不可能追溯到明代以后。

画作 154,《文殊菩萨坐狮图》(波士顿美术博物馆收藏)

明代或以后,作者不详,旧传为张思恭(12世纪)所作。

色彩鲜艳,带金箔装饰。绢本,挂轴。尺寸:1.04米×0.54米。

这是一幅真正的佛教绘画,相当精致,可以追溯到宋代晚期,但保存状况非常糟糕。很少见到如此久远的真迹,而不是普通的复制品。画布相当粗糙,颜料已经渗透进去,画卷表面受到严重磨损,甚至已经掉落。

《文殊菩萨坐狮图》

《执仗罗汉图》

画作155,《执仗罗汉图》(波士顿美术博物馆收藏)

明代,作者不详。

色彩鲜艳,略微泛黑。绢本,挂轴。尺寸:1.39米×0.75米。

这是一幅出色的摹本,原作可能是宋代的一幅优秀作品。绘制者的手法非常扎实,经验十分老道,非常仔细地描绘了所有细节。画面的色彩感也很出色,罗汉的袈裟是橄榄绿色,内里是褐色,边缘是红色,辅以金色点缀。座位的套子上装饰着浅绿和红色的枝叶。其他人物穿着灰色和褐色,而背景则较为暗淡。

画作 156,《执仗罗汉图》(波士顿美术博物馆收藏)

明代,作者不详。

绢本,挂轴。尺寸:2.18 米 × 1.01 米

这幅画是前一幅画的延续,但这位画家似乎是技艺并不高明,画风较为粗糙。不过,这幅画的色彩依然出众,主要由橄榄绿、铁灰、淡红和褐色调组成,并用大量金色加以点缀。

《执仗罗汉图》

《倚坐罗汉图》

画作157,《倚坐罗汉图》(波士顿美术博物馆收藏)

明代,作者不详。

罗汉与一名跪拜侍从。

颜色鲜艳,略微泛黑。顶部有修补的痕迹。

绢本,挂轴。尺寸:1.38米×0.75米。

与前两幅(画作155与156)画作相比,此画尺寸稍小,但应该也出自同一罗汉系列。显而易见,它们在风格上有很强的相似性。此画整体构图风格明显是宋代的特征(我们在上上幅作品中有过相关表述)。虽然画面显得有些呆板,但画家的手法却相当娴熟。另外,上色略显粗糙。

画作注解 231

画作 158,《温元帅像》(波士顿美术博物馆收藏)

明代,作者不详。

青面的道教神祇。他的肩上挂着一块牌匾,上书四个大字,"天上银河,无物可敌。"

色彩鲜艳。绢本,挂轴。尺寸:1.24 米 × 0.66 米。

冈仓天心:"明初道教绘画的典范。"

画风有力,但略显粗糙。卷云的造型具有装饰性,衣服的装饰也很丰富。这幅画除了作为装饰品外,并无多大意义。

《温元帅像》

《仙人过海图》

画作 159,《仙人过海图》(华盛顿弗利尔美术馆收藏)

明代,作者不详,旧传为方椿年(宋代)所作。道家仙人行于水面。

水墨,设色。绢本,挂轴。尺寸:1.21米 × 0.78米。

有方椿年落款。背面有一张标签。

罗吉:"我认为这幅画是明代作品。比较生硬,有画院派的技巧风格,可能是仿照了某件古代作品。"

明代绘画作品质量一般,但也不乏亮点,不过水面表现得过于平静,服装的描绘有些传统。这幅画的绢本是明代质量一般的面料,颜料都渗透到了画布当中。我认为这是明代早期的作品。

画作160,《阿弥陀佛和八位菩萨图》(华盛顿弗利尔美术馆收藏)

元代(存疑),作者不详,旧传为宋代画作。佛陀在宝座上讲经,周围有八位菩萨。

水墨,设色。绢本,挂轴。尺寸:1.60米×0.86米。

这幅画作可能是本馆收藏品中最好的佛教主题绘画;它代表了可以追溯到至少唐代或隋代的一种绘画类型,即寺庙中使用的宗教仪式绘画。当然,这幅画的笔法有些死板,但对于这类题材来说,这一点并不重要。在这幅画作中,金色与其他亮色搭配和谐,相得益彰,让这幅传统主题的画作极为平衡协调,具有出色的装饰效果。

《阿弥陀佛和八位菩萨图》

《帝王天像》

画作161，《帝王天像》（华盛顿弗利尔美术馆收藏）

元代，作者不详。

设色，状况不佳，背后有一张标签。绢本，挂轴。尺寸：1.22米×0.54米。

罗吉："应该是元代的作品。"

这是一幅相当普通的佛教绘画作品；虽然构图尚可，但笔法却很机械。不过，它看起来相当古老，大致可以追溯到元代。由于缺乏准确的艺术特征，因此很难确定其创作年代。

画作 162,《第十四伐那波斯尊者》(华盛顿弗利尔美术馆收藏)

明代,作者不详,旧传为宋代作品。一位罗汉端坐,身后跪着一位弟子。

水墨,设色。状况不佳。绢本,挂轴。尺寸:1.12 米 × 0.59 米。

有两处题词。

这幅画属于十六幅画作系列中的一部分。详情请参阅下一幅画作的注解。

《第十四伐那波斯尊者》

《第十二那伽犀那尊者》

画作163,《第十二那伽犀那尊者》(华盛顿弗利尔美术馆收藏)

明代,作者不详,旧传为宋代作品。

一位罗汉端坐阅读,另有一人站在他右边。

水墨,设色。状况不佳。绢本,挂轴。尺寸:1.12米×0.58米。

有两则题词,属于十六幅画作系列中的一部分。

罗吉:"这是一些颇为有名的作品,这几幅画作都相当出色,但可能不够精细,可能是明代的作品。文字看起来更像是日本的;这幅画作也可能是日本的。"

这幅罗汉作品和同一系列的其他十五幅罗汉作品唯一的意义就是自由地临摹了那些宋代精美的原作。虽然这些作品的技法娴熟,但完全忽视了线条的韵律和生命力。它们并不是自由创作的艺术品,而是符合传统模式的寺庙装饰品。

画作164,《雪景图》(华盛顿弗利尔美术馆收藏)

明代或以后,作者不详,旧传为许道宁(宋代)所作。

雪景图,山谷中的旅行者。

水墨,淡设色。绢本,挂轴。尺寸:2.23米×0.97米。

一方印章,背后有一张标签和一方印章。

罗吉:"有趣的作品,虽然有些矫揉造作,但技艺娴熟。可能是一幅摹本,只能追溯到17世纪的清代。仅仅从构图来看,这幅作品应出自许道宁之手。"

这幅作品非常成功地诠释了一个在各个时期都很流行的主题。画面的整体色调和氛围极富表现力,我们甚至可以感受到山谷中的寒风迎面而来。但是,画家笔法稍显沉重粗糙。这幅作品算得上是优秀的摹本,但并非原作。从墨色和笔法来看,我们可以将其推定为明末时期的作品。

《雪景图》

《寒林高士图》

画作 165，《寒林高士图》（华盛顿弗利尔美术馆收藏）

清代初期，作者不详，旧传为李成（919—967年）所作。

高大的树木，苍茫的景色。

水墨画。绢本，挂轴。尺寸：1.74 米 × 0.89 米。

带有李成（约 916—967 年）落款，另有其他四方印章。

罗吉："这是一幅出色的画作，可能是出自明末或清初的手笔，或许是受到过古代作品的启发。此画在同类作品中非常重要。"

这幅著名的作品出自一位才华横溢的画家之手。虽然受到宋代传统的启发，但在某些方面仍具独创性。这幅画的创作缺乏力度，但不乏温情；画家对主题有真切的感受，连一些小的细节都极富表现力。他的创作采用了 12 世纪流行的轻描淡写的风格。

画作 166，《松山隐居图》[（美国剑桥市，福格艺术博物馆（Fogg Museum)）]

明代或以后，旧传为韶九，即朱轩（1620—1690年）所作。

山川松树，右侧有一名男子在小屋中，右上角有一首诗。

水墨，设色，纸本。尺寸：0.83米×0.64米。有两方印章。

这是一件相当有趣的"文人山水"风景画，这种风格在明朝末期非常流行。这是对自然的一种自由诠释，笔法雄浑，甚至有些粗犷。画家对于山川的描绘相当柔和，而树木的树干则较为厚重。但是在一片灰色和褐色当中，氛围感和色彩效果是相当显著的。这幅画作既有一定的装饰性，也是对前代作品的回顾。

《松山隐居图》

《雪中鹿图》

画作 167，《雪中鹿图》（华盛顿弗利尔美术馆收藏）

明代，作者不详，旧传为周渊（宋代）所作。雪地上的雄鹿、雌鹿和红色山茶花。

水墨，设色。绢本，挂轴。尺寸：1.79 米 × 0.92 米。

背后有一处题词、三方印章。

罗吉："我对这位画家一无所知，但我倾向于将这幅作品归于明代，或介于元明之间。"

这幅画作色彩出众，极富吸引力，也有很强的装饰性。红色和白色在灰褐色的绢布上显得格外鲜明。尽管技法相当粗浅，但不乏力度。

画作168,《九鹭图》(华盛顿弗利尔美术馆收藏)

明代,吕纪(15世纪至16世纪)风格作品,旧传为龚开所作(约创作于1260—1280年)。柳树与九只白鹭。

水墨,设色。绢本,挂轴,背面有一张标签。尺寸:1.46米×0.80米。

罗吉:"这是一幅品质优良的作品,应为明代画院所作,可以很确定它是吕纪(15世纪至16世纪)或他的门下所作。"

这幅作品非常高雅,画家技艺精湛,能够以轻巧自如的笔触,描绘鸟儿轻盈的动作、垂柳摇曳的枝条以及莲叶优美的形态,把它们描绘得多姿多彩,极具魅力。这类画作是明代优秀画家擅长的一种风格。值得注意的是,明代画家与宋代画家一样,非常善于观察自然,但他们的表达可以说是比较浅显的。在波士顿美术博物馆有一幅藏品,也许创作时间稍晚一些,但基本与这幅作品完全相同。

《九鹭图》

《猫戏图》

画作169,《猫戏图》(华盛顿弗利尔美术馆收藏)

明代,作者不详,旧传为宋代或元初作品。猫、鸟和花。

水墨,设色(白色、绿色、棕色、粉色)。绢本,挂轴。尺寸:1.92米×0.96米。八方印章。

罗吉:"这是一幅明代画院风格的作品,在同类作品中相当出色,可能是创作于明代初期。"

这明显是一幅原作真迹。尽管颜色和构图有些沉闷,但仍富装饰性。在布鲁塞尔斯托克雷特(Stoclet)的收藏中,还有一幅年代更为久远的画作,它们主题相同,但画面稍有变化,博物馆认为这一版本是宋代一位名为毛益的画家所作。

画作 170,《蔷薇水禽图》(华盛顿弗利尔美术馆收藏)

明代,作者不详,旧传为黄荃(活跃于 920—950 年)所作。

水墨,设色。绢本,挂轴。尺寸:1.89 米 × 0.91 米。

画面有一方印章,背后有一张标签和一方印章。

罗吉:"毫无疑问,这件作品不会早于明代。风格更像是徐熙所作,而非黄荃。"

这幅画作的主题相当流行,但笔法很生硬干涩,是同类作品的典型。从艺术的角度看,相当无足轻重。

《蔷薇水禽图》

《松鹰图》

画作171,《松鹰图》(波士顿美术博物馆收藏)

明代,作者不详。

松枝上的猎鹰。

水墨,淡设色。绢本,挂轴。尺寸:1.58米×0.73米。

冈仓天心:"有狩野派宇多野辅(Kano Utanosuke)的印章,但是后添的;真实落款被抹去了,只留下一些痕迹。也许是明代末期的作品,可能是林良的作品,或者是长崎派的一位日本艺术家的作品。"

这幅画是中国人还是日本人创作的呢?我犹豫不决。相比于中国艺术作品,这确实是在日本艺术中更为常见的风格。但这种风格也可能在中国非常盛行,我们就不得而知了。如果一位不知名的艺术家试图在画上盖上宇多野辅的印章,从而让它看起来更像是狩野派的真迹,这并不奇怪。但于我而言,这只鹰比宇多野辅和其他狩野派大师所画的鸷鸟更有气势。

画作172,《西厢记》(华盛顿弗利尔美术馆收藏)

清代,作者不详,旧传为周文矩(五代时期)所作。

屋内:一个年轻男子,他的未婚妻。

水墨,淡设色。绢本,挂轴,有些许污渍,背后有一张标签。尺寸:1.98米 × 1.30米。

冈仓天心:"17世纪精心绘制的画作,非常有趣。"

这件作品装饰性极强,保存完好,令人赞叹。柔和流畅的线条使其具有一种如梦似幻的美感,可以说非常适合这一浪漫的主题。尽管画面没有明暗对比,但脸部的造型却十分逼真。所有人物都身着镶嵌金饰的白色长衣,乌黑的头发映衬着他们白皙的脸庞。

《西厢记》

《山水亭山台》

画作 173,《山水亭山台》(华盛顿弗利尔美术馆收藏)

清代,疑为袁江(17世纪)所作,旧传为王诜(宋代)所作。

水墨,淡设色。绢本,挂轴,背后有一方印章。尺寸:2.01 米 × 1.47 米。

冈仓天心:"看起来是作于明代和清代之间,质量相当不错;很容易让人联想起袁江的作品。"

尽管构图布局存在一定的不足,但这幅画还是给人留下了深刻的印象。画中峰峦叠嶂,远山奇峰林立,用笔如书法一般流畅自如;但整幅画面没有空间的纵深,缺乏空旷无垠之感,山后的背景就像一堵墙一般矗立在那里。我们可以说这位画家深谙绘画技巧,尽情地展示了他的技艺,但他显然对自然景色的真实描绘并不太在意。这是明朝之后山水画风格的典型代表。

画作174,《仕女庆寿图》(波士顿美术博物馆收藏)

清代,作者为冷枚(约1661—1743年)。一位女士坐在她家旁边的亭台,旁边有她的四个孩子和两名侍女。

色彩鲜艳。绢本,挂轴。尺寸:1.15米 × 0.59米。

这是一幅典型的乾隆时期的绘画,可以看出这时的绘画已经受到了西方的影响,特别是在建筑物的处理上尤为明显。

《仕女庆寿图》

《小园踏春图》

画作 175,《小园踏春图》(波士顿美术博物馆收藏)

清代,作者为冷枚(约 1661—1743 年)。一位女士和她的侍女在花园散步。

设色。绢本,挂轴。尺寸:1.08 米 × 0.56 米。

这是中国洛可可风格的典型样本。绿树成荫,花团锦簇,女士们穿着蓝色和绿色的精致刺绣长袍。画面不乏诗意,但有点儿矫揉之风,其表现形式也受到西方艺术的影响。